# 上海自贸试验区持续创新研究

尹 晨 —— 著

复旦大学出版社

## 内容提要

中国（上海）自由贸易试验区于2013年9月29日挂牌运行，上海自贸试验区临港新片区于2019年8月20日正式挂牌运行。

在此背景下，本书分析了中国（上海）自由贸易试验区创新的成果，比较研究国际高水平规则和标准，立足上海自贸试验区设立的"初心"，从理论上论证了上海自贸试验区创新经验的可复制和推广的范围、层面，指出上海自贸试验区仍然存在的不足和短板，并给出可施行的政策建议。

本书还从长三角一体化国家战略的角度，倡导中国（上海）自由贸易试验区持续对接服务国家重大战略，持续对标"国际"、对标"最高标准和最好水平"，不断应对挑战、解决问题、弥补短板；建议中国（上海）自由贸易试验区要从事物发展的全过程、产业发展的全链条、企业发展的全生命周期出发来谋划持续制度创新。

感谢国家社科基金项目"中国(上海)自由贸易试验区先行先试与经验复制推广研究"的资助。

# Abstract

The China (Shanghai) Pilot Free Trade Zone (SHFTZ) was established on September 29, 2013. SHFTZ has fulfilled its 1.0 version, 2.0 version and 3.0 version of construction plan. Lin-gang Special Area of China (Shanghai) Pilot Free Trade Zone was established on August 20, 2019.

Over the past seven years, SHFTZ has been focusing on institutional innovations in the fields of investment, trade, finance, government functions and legal environment, forming a fundamental framework and a batch of innovative achievements for replication and promotion. However, compared with the international high-level rules and standards, compared with the original purposes of its establishment, and compared with the tasks of "national test", there are still some shortcomings and short boards in SHFTZ.

Over the past seven years, the experiences and institutional innovations in SHFTZ have been replicated and promoted in different range and level.

From 2013 to 2017, a "1+3+7" "flying-geese" formation of pilot FTZs gradually evolved into being. Since 2018, a new model, the "matrix" model of China's pilot free trade zones has emerged. The construction of SHFTZ has changed from "sprint" to "medium and long-distance run", so we should be alert and prevent the " hitting the wall" effect.

At present, the Belt and Road construction has entered the stage of "meticulous painting" from the stage of "freehand brushwork". The integration of the Yangtze River Delta has been promoted to a national strategy. SHFTZ should constantly serve the major national strategies, adhere to international benchmark and "highest standards and best level", deal with challenges, solve problems and make up for short boards, plan sustainable innovations from the whole process of development, from the whole chain of industries, and from the whole life cycle of enterprises.

# 前 言

中国（上海）自由贸易试验区于 2013 年 9 月 29 日挂牌运行，已经先后实施了《中国（上海）自由贸易试验区总体方案》《进一步深化中国（上海）自由贸易试验区改革开放方案》和《全面深化中国（上海）自由贸易试验改革开放方案》。2019 年 8 月 20 日，上海自贸试验区临港新片区正式挂牌运行。

七年多来，上海自贸试验区坚持以制度创新为核心，聚焦投资、贸易、金融、政府职能、法制环境等领域，形成了供全国自贸试验区复制推广的基础性制度框架和一批制度创新成果：建立了以负面清单管理为核心的投资管理制度，初步形成了与国际通行规则一致的市场准入方式；建立了符合高标准贸易便利化规则的贸易监管制度，初步形成具有国际竞争力的口岸监管服务模式；建立了适应更加开放环境和有效防范风险的金融创新制度，初步形成了与上海国际金融中心建设的联动机制；建立了以规范市场主体行为为重点的事中事后监管制度，初步形成放管服一体化的体系；服务国家"一带一路"建设和推动市场主体"走出去"有新进展,初步建立了具有"五通"功能的桥头堡架构;有效激发市场活力,推动经济转型升级,初步形成了经济发展的新动能和新竞争优势。

当然,对照国际高水平规则和标准,对照上海自贸试验区设立的"初心",对照上海自贸试验区承担的"国家试验"任务,上海自贸试验区在以下几个方面仍然存在不足和短板:对外开放的广度、深度和力度仍需提高;亟须实现从便利化向自由化的提升;制度创新的系统集成仍需进一步提高;企业的关注度、参与度和获得感仍需维持和提高;授权不足问题亟须解决,管理架构有待进一步完善;服务国家战略和区域协同发展作用有待进一步提升。

七年多来,上海自贸试验区制度创新的经验在不同的范围、层面上进行了复制和推广。按照空间范围的不同,上海自贸试验区经验复制的空间路径包括市内区外、相关特殊区域和全国范围三个层次。按照复制推广内容的属性或范围,上海自贸试验区经验复制推广路径可分单项复制、子类复制与整体复制三种类型。按照复制推广的授权不同,可以分为组织化的自上而下的路径,以及地方政府自主复制的路径。目前,复制和推广的绝大部分经验是单项或子类经验,整体性、制度性的经验不多;经验总结提炼并上升到法律新设或修订层面的很少,总结提炼并上升到双边或多边国际经贸协议的迄今还没有。这些需要在上海自贸试验区的后续发展和升级中加以完善。

2013—2017年,中国逐渐形成了"1+3+7"的自贸试验区"雁阵"。上海自贸试验区是"头雁",然后从东部向中西部、从沿海向内陆、从经济开放度最高的地区向经济开放度较高的地区拓展。"雁阵模式"的优势体现在更大的破除障碍的能力,有利于形成和维持强劲和持久的改革开放动力机制，有利于分散和分担风险，适合中国多样化的现实，还有利于形成稳定的经验共享机制。

中国的自贸试验区建设从 2018 年开始出现了新的格局，从"雁阵"模式逐渐发展成为"矩阵"模式。自贸试验区形成了沿海、内陆和沿边三个集群，服务国家全面开放新格局的构建。自贸试验区形成了不同层次的对外开放形态。海南不但全岛建设自贸试验区，而且率先探索国际最高水平的开放形态——自由贸易港；上海自贸试验区临港新片区建设海关特殊综保区和特殊经济功能区，积极探索"五个自由"和"一个快捷"；其他的自贸试验区则进一步深化改革开放，建设高标准高质量自由贸易园区。自贸试验区的差别化探索、"自选动作"也越来越丰富。

上海自贸试验区建设已经从"短跑"变成了"中长跑"，因此要警惕和预防"极点效应"。"极点效应"的背后，原因包括新的目标不明确、新的预期不明朗、新的环境需要适应、新旧"短板"不断出现、持久动力尚未形成等。上海自贸试验区需要建立持久的创新动力机制。这就需要持续坚持"顶层设计+基层探索+锦标赛机制"的经验路径。这就需要持续"对标国际"，对标"最高标准和最好水平"的体系，包括国际高水平经贸规则，也包括最好水平的营商环境，还包括最高标准投资和贸易的绩效标杆。这就需要坚持持续对接服务国家重大战略，既要不断对接服务新的国家重大战略，也要对接服务国家重大战略在新时代的新要求。这就需要持续坚持需求导向和问题导向。上海自贸试验区要不断应对挑战、解决问题、弥补短板，要从事物发展的全过程、产业发展的全链条、企业发展的全生命周期出发来谋划持续制度创新。

目前，"一带一路"建设已经从"大写意"阶段进入到"工笔画"阶段。七年多来,上海自贸试验区对接服务"一带一路"建设,围绕政策沟通、设施联通、贸易畅通、资金融通和人心相通做了大量工作,取得了一系列阶段性成果,但仍然有不少需要完善的地方。对接服务进入"工笔画"阶段的"一带一路"建设,上海自贸试验区可以着力打造"一带一路"资源配置中心,聚焦资本、战略性大宗商品、技术、数据和信息等核心要素,吸引跨国公司总部、跨国金融机构、全球性生产服务公司、全球研发机构、国际组织等全球要素配置功能性机构集聚,进一步提升人民币国际债券市场和战略性大宗商品人民币国际期货市场的影响力,打造航运要素配置平台,进一步推进资源配置平台的互联互通。上海自贸试验区可以着力打造"一带一路"综合网络枢纽,继续推进上海港国际航运枢纽建设,继续推进上海国际航空枢纽建设,大力推进数据和信息中心建设,继续推进立体网络建设,大力推进网络连接机制创新。上海自贸试验区可以着力打造"一带一路"经贸规则辐射源,在贸易规则、投资规则、纠纷解决规则等方面努力提供制度性公共产品。上海自贸试验区可以着力打造"一带一路"专业服务中心,吸引和培育专业服务业集团,提高公共服务平台的专业水平和公信力,率先建设国家级"一带一路"海外投资风险管理中心。上海自贸试验区可以着力打造"一带一路"创新链枢纽,建设"一带一路"重大原始创新发源地、创新核心要素配置中心和创新治理制度性公共产品策源地。

长三角一体化已经上升为国家战略。实施长三角一体化发展战略,是引领全国高质量发展、完善我国改革开放空间布局、打造我国发展强劲活跃增长极的重大战略举措。上海自贸试验区的改革开放试验和制度创新,已经在很大程度上促进了长三角的经济发展。

对接长三角一体化国家战略要求，上海自贸试验区应在服务长三角一体化和高质量发展方面发挥更加积极的引领和带动作用。上海自贸试验区应发挥持续制度创新的优势，在高质量、一体化和系统集成的制度创新领域继续先行先试，将对标国际的制度创新进一步延伸至国内市场一体化的探索中，同时加大复制和推广力度。上海自贸试验区要积极发挥科技创新极的作用，出台自贸试验区和自主创新示范区叠加的"双自联动"升级版政策和措施，率先探索创新友好型生态系统，率先探索国际化、高水平的知识产权保护与创新激励制度和政策，引领打造长三角科技创新链。上海自贸试验区要积极发挥引领的作用，大力推进创新链和产业链的跨区域协同，培育世界级产业龙头企业，促进产业集群向全球价值链中高端迈进，加快构建长三角世界级产业集群。上海自贸试验区要以金融创新带动长三角要素市场一体化，进一步全面落实全方位、深层次、高水平的金融业对外对内开放，积极为长三角提供跨境金融服务，促进长三角资本市场一体化，促进长三角其他要素市场的互联互通，大力推进长三角金融基础设施互联互通，率先加强长三角金融监管协调与合作。上海自贸试验区要促进长三角各类区域的深度融合，促进长三角世界级网络枢纽建设，加快实施长三角多式联运"组合港"战略，加快建设国际信息通信枢纽港，加强与苏浙皖自贸试验区的联动协同，促进长三角开发区、高新区的联动发展，放大自由贸易试验区的辐射带动效应。

# 目 录

**第1章 上海自贸试验区先行先试的历程** ………………… 1
1.1 前期探索 ………………………………………………… 1
1.2 上海自贸试验区的筹建 ………………………………… 2
1.3 上海自贸试验区的七年运行 …………………………… 4
1.4 上海自贸试验区临港新片区的设立 …………………… 7

**第2章 上海自贸试验区的经验与成效** …………………… 12
2.1 建立了以负面清单管理为核心的投资管理制度,初步形成了与国际通行规则一致的市场准入方式 ……… 12
2.2 建立了符合高标准贸易便利化规则的贸易监管制度,初步形成具有国际竞争力的口岸监管服务模式 ……… 14
2.3 建立了适应更加开放环境和有效防范风险的金融创新制度,初步形成了与上海国际金融中心建设的联动机制 ………………………………………………… 16
2.4 建立了以规范市场主体行为为重点的事中事后监管制度,初步形成放管服一体化的体系 ………………… 18
2.5 服务国家"一带一路"建设和推动市场主体"走出去"有新进展,初步建立了具有"五通"功能的桥头堡架构 …………………………………………… 20
2.6 有效激发市场活力,推动经济转型升级,初步形成

了经济发展的新动能和新竞争优势 …………………… 24

## 第3章　上海自贸试验区仍需突破的瓶颈和不足 ………… 26
- 3.1　对外开放的广度、深度和力度仍需提高 …………… 26
- 3.2　亟须实现从便利化向自由化的提升 ………………… 29
- 3.3　制度创新的系统集成仍需进一步提高 ……………… 32
- 3.4　企业的关注度、参与度和获得感仍需维持和提高 … 34
- 3.5　授权不足问题亟须解决，管理架构有待进一步
完善 ……………………………………………………… 36
- 3.6　服务国家战略和区域协同发展作用有待提升 ……… 38

## 第4章　上海自贸试验区经验的复制推广 ………………… 40
- 4.1　上海自贸试验区制度创新经验复制推广的路径 …… 40
- 4.2　上海自贸试验区制度创新经验复制推广的不足和
溯因 ……………………………………………………… 49

## 第5章　中国自贸试验区：从"雁阵"到"矩阵" ………… 51
- 5.1　"雁阵模式"是上海自贸区经验复制和推广的必由
途径 ……………………………………………………… 51
- 5.2　中国自贸试验区"雁阵"的形成 …………………… 56
- 5.3　中国自贸试验区"矩阵"的形成 …………………… 59

## 第6章　上海自贸试验区创新的持久动力 ………………… 64
- 6.1　上海自贸试验区要警惕和预防"极点"效应 ……… 64
- 6.2　建立持久的创新动力机制 …………………………… 67

## 第7章　上海自贸试验区对接"工笔画"的"一带一路"
建设 ………………………………………………………… 82
- 7.1　进入"工笔画"阶段的"一带一路"建设的新

  要求 ································································ 82
 7.2 上海自贸试验区对接服务"一带一路"建设的
   阶段性成果和不足 ············································ 84
 7.3 上海自贸试验区对接"工笔画"的"一带一路"
   建设的主要着力点 ············································ 89

**第 8 章 上海自贸试验区对接长三角一体化建设** ············ 117
 8.1 长三角一体化的历程 ········································ 117
 8.2 新时代长三角一体化的新要求 ···························· 119
 8.3 高质量的长三角一体化面临的挑战 ······················ 122
 8.4 上海自贸试验区对长三角经济的影响 ··················· 125
 8.5 上海自贸试验区对接高质量长三角一体化的重要
   领域和主要举措 ··············································· 126

**附录 1 中国（上海）自由贸易试验区总体方案** ················ 143

**附录 2 进一步深化中国（上海）自由贸易试验区改革开放
   方案** ······························································· 151

**附录 3 全面深化中国（上海）自由贸易试验区改革开放
   方案** ······························································· 160

**附录 4 中国（上海）自由贸易试验区临港新片区总体
   方案** ······························································· 170

**参考文献** ······························································· 179

**后记** ······································································ 187

# 第1章
# 上海自贸试验区先行先试的历程

## 1.1 前期探索

自由贸易区、自由贸易港、自由港、自贸区等概念在中国出现，最早是在20世纪70年代中后期。从1976年1月起，北京对外贸易学院（现为对外经济贸易大学）"进出口业务教研室专题编写小组"就在《国际贸易问题》杂志连载发表了"资本主义世界的自由贸易区和自由港"一文，对当时资本主义国家设立的自由贸易区和自由港进行了介绍。此后，介绍国外自由贸易区和自由贸易港的文献就一直没有中断过。

从20世纪80年代开始，中国沿海的一些地区，包括福建厦门、上海、浙江宁波等，都提出甚至上报过建设自由贸易区或自由港的方案。但是，由于当时不具备政治、经济条件，这些方案都没有得到批准。

20世纪80年代开始，中国的海关特殊监管区域迅速发展起来。

1987年12月，中国第一个保税工业区——深圳沙头角保税工业区设立。1990年6月，中国第一家保税区——上海外高桥保税区设立。2003年12月，中国第一个保税物流园区——上海外高桥保税物流园区设立。2005年6月，中国第一个保税港区——上海洋山保税港区设立。2006年12月，中国第一个综合保税区——苏州工业园综合保税区设立。自上海外高桥保税区设立以来，国务院先后批准设立了160个海关特殊监管区域，分为保税区、出口加工区、保税物流园区、保税港区、综合保税区和跨境工业区6类。截至2018年末，经过优化整合，全国共有海关特殊监管区域140个[①]。

2005年开始，上海、深圳、天津等地方政府再次向国务院及相关部委提交了关于保税区转型建设自由贸易（园）区的建议。2009年，国务院发展研究中心、中国生产力促进中心协会向时任总理的温家宝同志上报了《外高桥保税区向上海自由贸易园区转型升级》的报告，得到温总理的肯定性批示。2010年11月，国家发改委、国务院发展研究中心等部门联合就浦东新区升级建设自由贸易园区进行专题调研。2012年，商务部与上海市政府合作建设的"全球贸易投资咨询中心"国家级平台的首个大型部市合作决策咨询项目"经济全球化发展新形势下我国对外开放战略"启动，其中一个重要的专题研究就是自由贸易园区建设。2012年，上海市政府正式向商务部等提交了在上海综合保税区设立自由贸易园区的申请。

## 1.2 上海自贸试验区的筹建

2013年3月，全国两会期间，上海建设自由贸易园区的提议得

---

① 转引自海关总署副署长在2019年1月10日国新办新闻发布会上的发言。

到国家最高决策层的同意。全国两会之后，3月28日，国务院总理李克强同志将任职后的第一站调研放在了上海。李克强总理考察了外高桥保税区，提出上海有条件和基础，可以大胆探索建立自由贸易试验区。

在经过一番曲折之后，上海自贸试验区总体方案最终由上海市政府牵头设计。2013年5月，自由贸易区试点初步方案草案经上海市政府讨论通过后，上报中央相关部门，进入征求意见和会签程序。在方案征求意见阶段，国家相关部门提出了许多意见和建议，上海市政府与之逐个沟通、解释，并对方案做了修改和完善，重要议题和政策则由国家最高决策层拍板。

2013年7月3日，国务院常务会议审议并原则通过了《中国（上海）自由贸易试验区总体方案》（以下简称《总体方案》）。8月17日，国务院批准设立中国（上海）自由贸易试验区，下含四个片区，分别是外高桥保税区、外高桥保税物流园区、洋山保税港区和上海浦东机场综合保税区，总面积28.78平方公里[①]。8月27日，中共中央政治局召开会议，其中一项议程就是听取上海自贸试验区筹备工作汇报，会议明确"国务院要加强领导，上海市要精心组织实施，有关部门要大力支持"。

8月30日，十二届全国人大常委会第四次会议作出决定，授权国务院在中国（上海）自由贸易试验区暂时调整有关法律规定的行政审批。全国人大常委会授权国务院在上海外高桥保税区、上海外高桥保税物流园区、洋山保税港区和上海浦东机场综合保税区基础上设立的中国（上海）自由贸易试验区内，对国家规定实施准入特别管理措施之外的外商投资，暂时调整《外资企业法》《中外合资经营企业法》和《中外合作经营企业法》规定的有关行政审批。

---

[①] 根据国务院颁布的《中华人民共和国法定计量单位》，公里为千米的俗称。为了与国家相关文件的表述一致，本书统一用公里、平方公里等计量单位。

该决定从2013年10月1日起实行。

9月27日,《总体方案》正式公布,同时公布的还有18项扩大开放特别措施。

2013年9月29日,中国(上海)自由贸易试验区正式挂牌运行。

上海自贸试验区从获得最高决策层同意,到正式挂牌运行,时间仅半年多,时间之短刷新了中国重大改革事项落地的速度。这其中,再次遵循中央顶层设计加地方先行先试的改革开放路径,最高决策层支持上海自贸试验区为全国进一步扩大开放、全面深化改革探索新路径、积累新经验,是上海自贸试验区筹建工作推进神速的最重要因素。而上海市政府"大胆闯、大胆试、自主改",并牵头设计自贸试验区方案的模式后来也复制推广到后续所有的自贸试验区。

## 1.3 上海自贸试验区的七年运行

截至2020年末,上海自贸试验区的运行总体可以分为三个阶段。

1.《总体方案》实施阶段

2013年9月29日,上海自贸试验区挂牌成立。国务院批准的《中国(上海)自由贸易试验区总体方案》开始实施。

在《总体方案》实施阶段,上海自贸试验区先行先试,探索形成了如今所有自贸试验区都能够复制推广的制度创新框架。这个框架分为五个部分。

一是加快政府职能转变。主要任务包括推进政府管理从注重事先审批向注重事中、事后监管转变;转变服务模式,加强信息平台建设,加强部门间的协同管理;推进三合一改革,建立新的集中统一的市场监督管理机构;进一步完善投资者权益保障机制;提高监管和行政透明度等。

二是扩大投资领域的开放。主要任务包括进一步扩大服务业开放，特别是金融、航运、商贸、专业服务、文化服务以及社会服务等领域的对外开放；探索建立准入前国民待遇与负面清单管理模式；探索商事登记制度改革；进一步提升对外投资便利化等。

三是推进贸易发展方式转变。主要任务包括培育和发展总部经济、离岸业务、内外贸一体化、大宗商品交易、对外文化贸易、服务外包、融资租赁、跨境电商等国际贸易新业态和新模式；探索发展航运金融、中转集拼、沿海捎带、国际船舶管理、航运运价指数衍生品交易等业务，实行国际船舶登记政策。

四是金融领域开放和创新。主要任务包括加快金融制度创新，在人民币跨境使用、跨境融资便利化、利率市场化以及人民币资本项目可兑换等方面先行先试；推进金融市场对内对外开放，支持金融产品创新等。

五是完善法制保障。主要任务包括加快建立贸易投资规则体系；自贸试验区内经过法定程序调整相关法律法规的实施；抓紧建立自贸试验区管理制度等。

2.《深改方案》实施阶段

2015年4月，中国自贸试验区第一次扩容，广东、天津、福建自贸试验区挂牌运行。同时，上海自贸试验区第一次扩区。国务院公布《进一步深化中国（上海）自由贸易试验区改革开放方案》（以下简称《深改方案》），上海自贸试验区扩区至120.72平方公里，扩充的新片区包括陆家嘴金融片区、世博片区、金桥开发片区和张江高科技片区。这些新的片区都是非海关特殊监管区域，同时也是高度成熟的产业区和功能区。

与《总体方案》相比，《深改方案》仍然坚持了五大制度创新框架，即政府职能转变、投资管理制度创新、贸易监管制度创新、金融开放与创新、加强法制保障。但《深改方案》的实施，除了扩区以外，明显的变化还有实施内容的进一步细化和深化。比如政府职能转变聚焦到了完善负面清单管理模式、健全事中事后监管体系、推动权益保护制度创新、深化科技创新体制机制改革等12项主要任务上，深化投资管理制度创新聚焦到了进一步扩大制造业和服务业开放、推进FDI和ODI管理制度改革、深化商事登记制度改革和完善企业准入"单一窗口"制度4项主要任务上，贸易监管制度创新聚焦到了深化"一线放开、二线安全高效管住"的贸易便利化改革、国际贸易"单一窗口"建设、推进货物状态分类监管、推动贸易转型升级4项主要任务上，加强法制保障聚焦到了健全法制保障体系、探索创新人才服务体系和国际人才流动通行制度、研究促进投资和贸易的税收政策3项主要任务上。

2015年10月29日，一行三会、商务部、外汇局和上海市人民政府联合发布了《进一步推进中国（上海）自由贸易试验区金融开放创新试点 加快上海国际金融中心建设方案》，在加快推进资本项目可兑换、人民币跨境使用、金融服务业开放、建设面向国际的金融市场以及不断完善金融监管五大领域提出了40条措施。当然，由于后续世界经济和全球金融形势变化日益错综复杂，这些措施在落地落实的过程中遭遇了很多现实的挑战和约束。

2016年下半年开始，不同的机构先后对上海自贸试验区进行了三年运行评估。从笔者参与的第三方评估情况来看，上海自贸试验区三年运行基本完成了《总体方案》提出的任务，但也存在一些不足（后文有详细阐述）。

3.《全改方案》实施阶段

2017年，中国自贸试验区建设又有新进展。4月，中国新增了7个自贸试验区，包括辽宁、陕西、河南、重庆、四川、湖北和浙江自贸试验区。中国的自贸试验区初步形成了"1+3+7"的"雁阵"模式①。

上海自贸试验区则推出了 3.0 版的方案。2017 年 3 月，国务院批准了《全面深化中国（上海）自由贸易试验区改革开放方案》（以下简称《全改方案》）。《全改方案》提出了上海自贸试验区"三区一堡"的建设目标，即加强改革系统集成，建设开放和创新融为一体的综合改革试验区；加强同国际通行规则相衔接，建立开放型经济体系的风险压力测试区；进一步转变政府职能，打造提升政府治理能力的先行区；创新合作发展模式，成为服务国家"一带一路"建设、推动市场主体"走出去"的桥头堡。

截至 2019 年 1 月，上海自贸试验区已经完成了《全改方案》明确的 98 项重点改革任务中的 96 项任务，实现了三年任务两年基本完成②。

## 1.4　上海自贸试验区临港新片区的设立

2018 年，中国自贸试验区建设又有新进展。4 月，海南获批全岛建设自贸试验区，同时开始探索建设中国特色自由贸易港。

11 月 5 日，习近平总书记在首届中国国际进口博览会开幕式演讲中，给上海提出了三项新的重大任务。第一项新的重大任务就是"增设中国（上海）自由贸易试验区的新片区，鼓励和支持上海在推进投资和贸易自由化便利化方面大胆创新探索，为全国积累更多

---

① 早在 2014 年 5 月 15 日，笔者就在《东方早报》撰文提出了"全国自贸区建设应取雁阵模式"。

② 王志彦. 上海自贸改革 3.0 版方案明确的 98 项重点任务中的 96 项全部完成[N]. 解放日报，2019-3-4.

可复制可推广经验"。2019年8月6日，国务院印发《中国（上海）自由贸易试验区临港新片区总体方案》。8月20日，上海自贸试验区临港新片区正式挂牌运行。

上海自贸试验区临港新片区位于大治河以南、金汇港以东（包括小洋山岛以及浦东国际机场南侧区域），总面积873平方公里，按照"整体规划、分步实施"原则，先行启动南汇新城、临港装备产业区、小洋山岛、浦东机场南侧等区域，面积为119.5平方公里。

上海自贸试验区新设临港新片区，有效扩大了自贸试验区的面积。上海自贸试验区早期在外资准入负面清单以外还争取到服务业和制造业54项特别开放措施，但有近一半没有外资项目落地，一个重要的原因就是区域面积有限。上海自贸试验区只有120平方公里，外高桥、陆家嘴、张江、金桥、世博等几个片区都是高度成熟发达的功能区，土地资源非常有限，用地规模大的项目（特别是制造业项目）难以落地[1]。区域狭小，市场规模总体有限，综合商务成本又高，有些服务业外资项目也难以落地。没有或者少有项目落地，自贸试验区对外开放压力测试的结果就价值有限了。海南全岛建自贸区，3.5万平方公里的面积打开了上海自贸试验区面积的上限。由于临港还有上海非常难得的土地储备，因此临港新片区的设立，有效扩大了自贸试验区的可利用土地规模。

临港新片区的另一大优势是整体连片。整体连片主要是为了克服碎片化的问题。现有的上海自贸试验区分割成若干片区，片区之间，比如陆家嘴与张江、张江与金桥、海港与空港、海关特殊监管区域与非海关特殊监管区域，相对隔离，难以形成有效的协同、联动和共振。现有片区大都是从一个完整的行政区域中划出的一块，形成人为割裂的"孤岛"，甚至出现一街之隔的两家企业面临区内

---

[1] 比如特斯拉项目，由于土地面积要求较大（86万平方米），所以2018年10月只能落在有土地储备的临港地区。而那时，上海自贸试验区临港新片区还没有设立。

区外政策差异的"两重天"。碎片化也导致管理机构"叠床架屋",重复设置。连片整体,则有利于在一个完整区域内优化配置资源,有利于政策措施的无差别全覆盖,有利于在一个完整的行政区域和治理框架内进行改革开放的先行先试和系统集成的制度创新。

当然,上海自贸试验区新设临港新片区,绝不仅仅是简单的面积扩大。

2019年11月,习近平总书记在考察上海时,对上海自贸试验区临港新片区提出了"五个重要"的要求,要求上海自贸试验区临港新片区进行更深层次、更宽领域、更大力度的全方位高水平开放,努力成为集聚海内外人才开展国际创新协同的重要基地、统筹发展在岸业务和离岸业务的重要枢纽、企业走出去发展壮大的重要跳板、更好利用两个市场两种资源的重要通道、参与国际经济治理的重要试验田,有针对性地进行体制机制创新,强化制度建设,提高经济质量。

《中国(上海)自由贸易试验区临港新片区总体方案》(以下简称《临港新片区总体方案》)中也提出了临港新片区建设不同于一般自贸试验区的一些特殊任务。

《临港新片区总体方案》提出"对标国际上公认的竞争力最强的自由贸易园区,选择国家战略需要、国际市场需求大、对开放度要求高但其他地区尚不具备实施条件的重点领域,实施具有较强国际市场竞争力的开放政策和制度,加大开放型经济的风险压力测试"。在对开放度要求高但其他地区尚不具备实施条件的重点领域,临港新片区扩大开放的先行先试可以不必像一般自贸试验区那样要求可复制可推广。

《临港新片区总体方案》提出探索"五个自由"和"一个快捷",即以投资自由、贸易自由、资金自由、运输自由、人员从业自由等为重点,推进投资贸易自由化便利化,同时实现信息快捷连通,实施国际互联网数据跨境安全有序流动。这就使得临港新片区的任务从一般自贸试验区的投资贸易便利化提升到投资贸易自由化。

《临港新片区总体方案》提出"在新片区内设立物理围网区域，建立洋山特殊综合保税区，作为对标国际公认、竞争力最强自由贸易园区的重要载体，在全面实施综合保税区政策的基础上，取消不必要的贸易监管、许可和程序要求，实施更高水平的贸易自由化便利化政策和制度"。海关总署已经研究制定了《中华人民共和国海关对洋山特殊综合保税区监管办法》，以守住安全高效管住为底线，取消不必要的贸易监管、许可和程序要求，改革海关统计方法，实施更高水平的贸易自由化便利化政策和制度，最大限度简化一线申报制度，突出区内经营自由，严格二线监管。

《临港新片区总体方案》提出"到2035年，建成具有较强国际市场影响力和竞争力的特殊经济功能区，形成更加成熟定型的制度成果，打造全球高端资源要素配置的核心功能，成为我国深度融入经济全球化的重要载体"。为了打造特殊经济功能区，与一般自贸试验区总体方案不同，《临港新片区总体方案》对新片区的产业、功能和相关政策都进行了设计。

《临港新片区总体方案》还提出"实施具有国际竞争力的税收制度和政策"。一般的自贸试验区由于承诺不成为"税收洼地"，因此没有特殊的税收政策。但这也使得一般自贸试验区在面对新加坡等国际自由贸易港竞争时不具有吸引力。临港新片区实施具有国际竞争力的税收制度和政策，目的是借鉴国际自由贸易港通行政策和惯例，在打造全球高端资源要素配置的核心功能时不至于"输在起跑线上"。

由于《临港新片区总体方案》制定是在长三角一体化发展上升为国家战略之后，因此，《临港新片区总体方案》也提出"带动长三角新一轮改革开放。定期总结评估新片区在投资管理、贸易监管、金融开放、人才流动、运输管理、风险管控等方面的制度经验,制定推广清单,明确推广范围和监管要求,按程序报批后有序推广实施。加强新片区与海关特殊监管区域、经济技术开发区联动,放大辐射带动效应"。

截至 2020 年 8 月,《临港新片区总体方案》中分解出来的 78 项政策和制度创新任务已经完成过半[①]。

---

[①] 转引自 2020 年 8 月 13 日上海市政府新闻发布会上,上海市政府副秘书长、临港新片区管委会常务副主任对临港新片区成立一周年改革创新成果的介绍。

# 第 2 章
# 上海自贸试验区的经验与成效

2013年以来,上海自贸试验区坚持以制度创新为核心,按照自贸试验区"是国家的试验田,不是地方的自留地;是制度创新的高地,不是特殊政策的洼地;是苗圃,不是盆景"的要求,聚焦投资、贸易、金融和政府职能转变等领域,形成了供全国自贸试验区复制推广的基础性制度框架和一批核心制度创新成果,100多项经验做法和制度创新成果已经在全国复制推广,同时有效促进了产业的发展和功能的完善。

## 2.1 建立了以负面清单管理为核心的投资管理制度,初步形成了与国际通行规则一致的市场准入方式

2013年以来,上海自贸试验区对标国际通行规则,首创了外资准入负面清单,开展了FDI管理、ODI管理和商事登记等方面的制度创新,进一步扩大制造业和服务业对外开放。

1. 全面实施外资准入负面清单管理模式

外商投资方面,2013 年,上海自贸试验区制定并发布全国首份外资准入的负面清单,实施"准入前国民待遇+负面清单"的管理模式,初步建立了"法无禁止即可为"的管理理念。这是对长期以来中国实行的外资管理"正面清单+准入后国民待遇"管理模式的革命性变革。外资准入负面清单最终成为 2020 年 1 月 1 日开始实施的《外商投资法》第 4 条的重要内容。

上海自贸试验区 2013 年版外商投资负面清单总共 190 条禁止和限制类措施,2014 年版负面清单减少到 139 条措施。到 2020 年,中国自贸试验区外资准入负面清单进一步缩减至 30 条,同时《海南自由贸易港外商投资准入特别管理措施(负面清单)(2020 年版)》规定,自由贸易港外资准入特别管理措施缩减至 27 条。

上海自贸试验区对负面清单外的外商投资项目实施备案制,办理时间从 8 个工作日减少到 1 个工作日,申报材料从 10 份减少到 3 份,便利化程度大幅提高。到目前,99%的上海自贸试验区新设外商投资企业都是通过备案设立。

2. 深化商事登记制度改革

上海自贸试验区在全国率先开展了一系列商事登记制度改革,包括注册资本由"实缴制"改为"认缴制",推动商事登记从办事大厅"一门式"办理转变成单一窗口"一口式"办理,推进从"一址一照"到"一址多照"集中登记,推进"多证合一"和全程电子化登记等。

上海自贸试验区率先开展企业简易注销登记改革试点,对自贸试验区内个体工商户、未开业企业、无债权债务企业试行简易注销登记,建立便捷的市场主体退出机制。

3. 推进企业"走出去"便利化

在境外投资管理方面,上海自贸试验区也从原来的核准制改为备案制,办结时间从原来的 3~6 个月缩短为 3 天,大大便利了中国企业"走出去"。

上海自贸试验区于2014年9月设立了"中国（上海）自由贸易试验区境外投资服务平台"，提供综合咨询、境外投资备案、投资项目推荐、投资地介绍、政策介绍、行业分析、境外投资专业服务等功能，汇聚了近百家海内外投促组织、专业服务机构和金融机构。

截至2019年底，上海自贸试验区累计办结境外投资项目超过2 800个，中方投资额累计超过900亿美元。

4. 进一步扩大服务业制造业开放

除了负面清单，上海自贸试验区还先后争取了2批54项扩大开放特别措施，其中服务业开放措施37项，制造业、建筑业等开放措施17项。截至2018年9月，上海自贸试验区54项扩大开放措施中共有38项措施落地，累计落地项目超过2 800个。

上海自贸试验区诞生了很多项"外资第一家"，包括中国第一家外商独资演出经纪机构、第一家专业再保险经纪公司、第一家外商独资资信调查和评级服务机构、第一家外商独资医院、第一家外商独资游艇设计公司、第一家外商独资职业技能培训企业、第一家外商独资国际船舶管理公司、第一家执行国际食品安全标准的外商独资认证公司等。

2018年10月，上海自贸试验区发布《中国（上海）自由贸易试验区跨境服务贸易负面清单管理模式实施办法》与《中国（上海）自由贸易试验区跨境服务贸易特别管理措施（负面清单）（2018年版）》。这是中国第一份跨境服务贸易领域的负面清单。

## 2.2 建立了符合高标准贸易便利化规则的贸易监管制度，初步形成具有国际竞争力的口岸监管服务模式

对标国际标准，借鉴国际经验，探索建立具有国际先进水平的

贸易监管制度,上海自贸试验区在口岸监管领域推出了近百项创新举措。

1. 不断深化"一线放开、二线安全高效管住"的贸易便利化措施

上海自贸试验区在全国率先推出了"先进区、后报关""一区注册、四地经营""十检十放"① 等创新举措,大胆探索通关一体化。这些举措使上海自贸试验区的通关效率大大提高,保税区进出境时间较全关平均水平分别缩短78.5%和31.7%,企业物流成本平均下降10%②。到2020年末,上海自贸试验区实现海运进境平均通关时间减至2天以内,空运进境平均通关时间减至12小时以内。据初步统计,目前全球高水平自由贸易协定中60余条贸易便利化的核心措施,已经有50余条在上海自贸试验区实施③。

2. 实施国际贸易"单一窗口"管理制度

上海自贸试验区率先建立了国际贸易"单一窗口"。目前,国际贸易"单一窗口"系统已经从最初的1.0版升级到3.0版,功能模块增加到货物申报、舱单申报、运输工具申报、企业资质办理、许可证申报、原产地证、税费支付、出口退税、查询统计等9个,覆盖了23个口岸和贸易监管部门,实现了与国家"单一窗口"标准版的全面融合对接。截至2018年9月,上海自贸试验区国际贸易"单一窗口"服务企业超过27万家,船舶申报和货物申报100%通过"单一窗口"办理;通过"单一窗口",企业申报数据项在船舶申报环节缩减65%,在货物申报环节缩减24%,累计为企业节约

---

① "十检十放"是上海自贸试验区国检部门从2015年起推出的先检后放、通检通放、快检快放、边检边放、空检海放、即检即放、外检内放、少检多放、他检我放、不检就放等10项促进通关便利的分类监管新模式。
② 韩正. 增强"四个意识"努力当好排头兵先行者[N]. 人民日报,2017-8-16.
③ 转引自海关总署副署长在2017年1月6日国务院政策例行吹风会上对扩大对外开放积极利用外资的政策措施的介绍。

成本超过 20 亿元①。

3. 探索建立货物状态分类监管模式

上海自贸试验区采用信息围网技术,实现了保税货物、非保税货物与口岸货物的同仓存储、分类监管。目前,自贸试验区内所有符合条件的物流企业已经全面开展货物状态分类监管试点,同时将货物状态分类监管试点拓宽至贸易型企业和加工型企业。

## 2.3 建立了适应更加开放环境和有效防范风险的金融创新制度,初步形成了与上海国际金融中心建设的联动机制

围绕为实体经济服务,为投资贸易便利化服务,上海自贸试验区以自由贸易账户为载体,促进投融资汇兑便利化,深入推进金融创新与国际金融中心建设联动,同时不断建立和完善金融监管和风险防控机制。

1. 金融开放和创新的框架体系基本形成

2015 年 10 月,一行三会、外管局会同上海市共同出台了《进一步推进中国(上海)自由贸易试验区金融开放创新试点 加快上海国际金融中心建设方案》,提出了"金改 40 条",加上之前相关部门发布的金融支持上海自贸试验区建设的 51 条政策,共同构成了上海自贸试验区金融制度创新的框架体系。

按照"成熟一项、推动一项"的原则,2014 年 3 月、7 月、12 月,2015 年 8 月、12 月,2016 年 5 月,2017 年 1 月、10 月,2019

---

① 唐玮婕. 这个"窗口",由世界银行向全球推荐[N]. 文汇报,2018-11-20.

年1月,2020年7月,上海自贸试验区先后发布了10批共130个金融创新案例,主要涉及自由贸易账户功能拓展、金融开放创新、金融业务创新、金融市场创新、跨境金融业务创新、金融机构创新、金融监管创新及行业自律、外汇管理改革以及金融服务模式创新等方面。

2. 本外币一体化的自由贸易账户功能进一步拓展

上海自贸试验区首创了自由贸易账户体系,并依托自由贸易账户体系实现了跨境融资宏观审慎下的微观放开。自由贸易账户为实体经济实现了"多户归一",企业开立一个自由贸易账户就可以办理跨境本外币结算和境内人民币结算;自贸试验区内企业可以利用自由贸易账户根据公开透明的规则自主决策境外融资,包括以何种方式融资、融何种货币资金、期限多长、融多少、何时融等。截至2019年底,已有58家商业银行、财务公司和证券公司等金融机构直接接入自由贸易账户监测管理信息系统,开立自由贸易账户13.1万个,通过自由贸易账户获得本外币境外融资总额折合人民币1.7万亿元。

3. 人民币跨境使用和外汇管理创新进一步深化

在上海自贸试验区,本外币双向资金池、跨境人民币结算、跨国公司总部外汇资金集中运营等金融创新试点已经规模化运作。2019年,上海自贸试验区人民币跨境结算总额累计3.8万亿元,占全市的38.99%。截至2019年底,累计有1 064家企业发生跨境双向人民币资金池业务,资金池收支总额1.94万亿元。95家企业获得跨国公司总部外汇资金集中运营试点资格[①]。

4. 一批面向国际的金融交易平台正式运行

在上海自贸试验区,"上海金""上海铜"和"上海油"等大

---

[①] 胥会云,孙维维. 营商环境持续优化 上海自贸区速度激发外企投资热情[N]. 第一财经日报,2019-3-4.

宗商品国际定价话语权不断增强。境外机构通过熊猫债在上海证券交易所和银行间债券市场进行人民币债券融资的规模不断扩大，"一带一路"债券发行规模也不断扩大。上海保险交易所、中国信托登记有限责任公司、上海期货交易所国际能源交易中心也先后挂牌成立。人民币原油期货上市交易以来，市场运行整体平稳，市场参与者稳步增加，日均成交量已跃居全球第三，功能发挥效应逐步显现。在上海自贸试验区，证券"沪港通"和"沪伦通"以及沪港"债券通"成功运行，大胆探索了境内外金融市场的互联互通。

## 2.4 建立了以规范市场主体行为为重点的事中事后监管制度，初步形成放管服一体化的体系

上海自贸试验区加快推进政府职能转变，探索在一个完整的行政区域内，由一级地方政府先行先试放管服综合改革，争取做到"放得更活、管得更好、服务更优"。

1. 深化"证照分离"改革试点

2016年，经国务院批准，上海自贸试验区先行先试"证照分离"改革试点，针对116项行政许可事项，按照取消审批、审批改备案、实行告知承诺、提高透明度和可预期性、强化准入监管五大类实施试点。2017年9月，国务院常务会议决定将"证照分离"改革试点推广到其余10个自贸试验区和国家级开发区。2018年1月，国务院决定在上海自贸试验区扩大"证照分离"改革试点，行政许可事项进一步扩大，涉及10个领域47项。2018年9月，国务院常务会议部署将"证照分离"改革成果向全国复制推广。

截至2020年末，国务院自由贸易试验区工作部际联席会议各

成员单位出台了支持自贸试验区建设的文件近百份，有关省区市向自贸试验区下放了1 300多项省级管理权限，减少了审批的事项，优化了审批的流程，大幅降低了企业准入的门槛和经营成本[①]。

2. 进一步完善事中事后监管体系

上海自贸试验区率先建立了深化事中事后监管体系总体方案，确立了市场主体自律、业界自治、社会监督、政府监管"四位一体"的监管体系。监管方式上，探索精准监管、协同监管、分类监管和动态监管相结合，重点推进"六个双"和"信用画像"的监管机制[②]。

截至2017年末，实施"六个双"监管机制后，上海自贸试验区内监管户占比从实施前的16%提高到实施后的64%，基本实现了21家监管部门、108个行业和领域的全覆盖。

3. 探索综合执法新体制

上海自贸试验区在全国率先将工商、质检、食药监和物价检查部门合并为市场监督管理局，将专利、版权和商标权管理部门"三合一"为知识产权局，同时推进城市管理领域的执法权归集，推进形成系统集成的治理体系。

4. 推进政务信息化

上海自贸试验区大力建设"三全工程"，即企业市场准入"全网通办"、个人社区事务"全区通办"、政府政务信息"全域共享"。如今，在企业市场准入领域，104项企业准入区权事项全部实现"全网通办、一次办成"，74项实现"网上全程办理"；在个人社区事务领域，188个事项实现全区通办；政府政务信息正努力实现全域共享，上海自贸试验区实现了与80个国家和市区部门的

---

① 转引自2021年2月3日商务部专题新闻发布会，商务部自贸区港司司长对"十三五"时期自贸试验区建设的有关情况的介绍。

② "六个双"是双告知、双反馈、双跟踪、双随机、双评估、双公示。"信用画像"是采用绿色低风险、黄色中风险、红色高风险对区内30万家企业进行信用分类评估。

信息共享集成。

5. 营商环境不断改善

上海自贸试验区对标国际最好水平营商环境，不断完善国际化、法治化、市场化营商环境。上海自贸试验区完善营商环境的经验加速在上海和全国复制推广，有效促进中国在世界银行全球营商环境报告中的排名从2017年的第78位迅速上升到2019年的第31位。

2020年迄今，上海自贸试验区临港新片区全面复制推广特斯拉审批模式，着力构建营商环境品牌工程[①]；聚焦企业全生命周期服务，着力打造营商环境创新工程；全面落实上海市"营商环境3.0版"，着力夯实营商环境基础工程。

## 2.5 服务国家"一带一路"建设和推动市场主体"走出去"有新进展，初步建立了具有"五通"功能的桥头堡架构

上海自贸试验区对接服务"一带一路"建设经历了从无到有、渐进深化的历程。2017年3月上海自贸试验区《全改方案》将建设服务"一带一路"建设的桥头堡作为四大主要任务（"三区一堡"）之一，并提出了细化的若干措施。上海自贸试验区围绕

---

① 临港管委会在特斯拉项目的审批中，将取得土地、项目立项、方案批复、多图联审、工程规划许可证、施工许可证等环节作为主线，将环保、交通、交警、水务、绿化、民防、消防等作为辅线，双线并行开展审批工作，造就了"特斯拉速度"。2018年7月10日，特斯拉与上海临港管委会、临港集团签署了协议，在临港地区独资建设特斯拉超级工厂；2019年1月7日，特斯拉超级工厂奠基；12月30日，首批国产特斯拉汽车正式交付。

"五通",全面对接服务"一带一路"倡议,取得了一系列阶段性成果。

1. 贸易投资便利化助力"一带一路"政策沟通

上海自贸试验区率先探索负面清单管理模式其不断完善,有利于中国与"一带一路"沿线国家和地区就推进多边或双边FTA谈判、构建高水平FTA网络进行有效的政策沟通。上海自贸试验区不断探索贸易便利化措施,国际贸易单一窗口已经从1.0版升级到3.0版,为亚太示范电子口岸网络提供了实践样本。截至2018年末,亚太经合组织已有11个经济体的19个口岸加入了亚太示范电子口岸网络。

2. 上海自贸试验区依托世界级航空和港口的枢纽地位,助力"一带一路"设施联通

上海港已同"一带一路"沿线国家(地区)100多个主要港口建立了密切联系。截至2020年末,上海港已经连续11年保持世界港口集装箱吞吐量第一的位置,其中与"一带一路"沿线国家(地区)完成的外贸集装箱吞吐量占总量的三分之一。上海与"一带一路"沿线的24个国家(地区)建立了国际直航航线,航空通航城市达到47个。目前,我国出行"一带一路"的航空旅客中,通过上海机场进出的旅客量占全国机场总量的三分之一,而通过上海机场进出"一带一路"的航空货邮超过全国机场总量的二分之一[①]。

3. 贸易畅通和企业"走出去"效果显现

2015—2017年,上海在"一带一路"沿线国家(地区)投资项目总计246个,实际投资额达54.9亿美元,年均增长率达到160%;承接重大工程3 019个,累计合同额达217亿美元,年均增

---

① 数据源自上海市政府副秘书长、市发展改革委主任在上海市政府新闻办2017年10月11日举行的市政府新闻发布会上的发言。

长9.4%；与沿线国家（地区）的贸易额超5 000亿元，占全市外贸总额的比重超过20%[①]。一批重点项目在"一带一路"沿线国家（地区）落地生根，对外投资方式逐渐从传统的对外劳务输出、工程承包，向提升产业链、价值链水平转变。截至2021年2月，上海自贸试验区国别（地区）中心已经入驻14个国家（地区）（绝大部分都在"一带一路"沿线），入驻会员企业675家，展示产品19 560件。

4. 金融支持和金融服务促进资金融通

上海大力支持境外政府、机构和企业在上海金融市场发行债券，"熊猫债"的发行主体已扩展至外国中央政府、国际性金融组织、外国地方政府、境外非金融企业等，累计发行已超过2 000亿元。2018年3月，上海证券交易所发布《关于开展"一带一路"债券试点的通知》，进一步拓展"一带一路"债券的发行主体和发行类型[②]。

金融机构集聚效应明显。近年来，金砖国家新开发银行（New Development Bank，简称NDB）、全球清算对手方协会、中国保险投资公司、国家开发银行上海总部等一批与"一带一路"建设有关的国际型、总部型、功能性的金融机构和组织，相继落户上海自贸试验区。截至2017年8月底，来自15个"一带一路"国家（地区）的5家法人银行、13家外资银行分行和11个代表处落户上海自贸试验区，在沪"一带一路"国家（地区）银行的总资产达到2 122亿元人民币，已经占上海所有外资银行总资产的14%。

---

① 数据源自上海市发展改革委主任2017年10月11日在上海市政府新闻发布会上介绍的上海近年来服务国家"一带一路"建设的总体情况。

② 相关主体可以通过三种方式在上海证券交易所发行"一带一路"债券：一是"一带一路"沿线国家（地区）政府类机构在交易所发行的政府债券，二是在"一带一路"沿线国家（地区）注册的企业及金融机构在交易所发行的公司债券，三是境内外企业在交易所发行，募集资金用于"一带一路"建设的公司债券。

5. 依托国际大都市的人文优势，促进民心相通

上海与"一带一路"国家（地区）在文化、科技、教育、医疗等方面，开展了多领域、深层次的广泛合作，为"一带一路"建设夯实民意基础，促进民心相通。

上海已经与"一带一路"沿线59个国家的91个省、州、市建立了友好关系。上海与"一带一路"国家（地区）建立了电影节、艺术节、音乐创演、美术馆、博物馆等领域的五大合作机制。上海国际电影节已将"一带一路"作为国际展映板块的常设单元，2018年上海国际电影节，49个"一带一路"沿线国家的1 300多部电影作品参赛参展，为各国影迷献上难得的艺术盛宴。2018年，中国上海国际艺术节发起的"丝绸之路国际艺术节合作网络"在上海举行首届年会，共有41个国家的157家艺术机构加入[1]。在医疗领域，上海在"一带一路"沿线的泰国、捷克、毛里求斯、摩洛哥等建设了多个国家中医药海外中心，每年服务约17万人次[2]。在科技领域，上海支持科研机构、高校与"一带一路"沿线的合作方共建联合实验室，成立"一带一路"科技创新联盟，在全国率先设立"一带一路"青年科学家交流项目[3]。2016年，来自"一带一路"国家（地区）的在沪留学生约1.6万余名，占来沪留学生总数超过25%，上海还组织开展了各类专题培训项目，资助"一带一路"国家（地区）人才来上海学习进修，培训议题涵盖航运、能源、农业等多个领域[4]。

---

[1] 张懿. 上海全力打造服务"一带一路"建设桥头堡［N］. 文汇报，2019-4-25.

[2] 唐闻佳. 中医在海外就这么牛！［N］. 文汇报，2019-10-30.

[3] 开放司. 地方参与共建"一带一路"实践之一：上海积极推进"一带一路"桥头堡建设［N/OL］. 中华人民共和国国家发展和改革委员会网站，https：//www. ndrc. gov. cn/fggz/qykf/xxjc/202112/t20211222_ 1308898. html？code = &state = 123，2021-12-23.

[4] 数据源自市政府副秘书长、市发展改革委主任在上海市政府新闻办2017年10月11日举行的市政府新闻发布会上的发言。

## 2.6 有效激发市场活力,推动经济转型升级,初步形成了经济发展的新动能和新竞争优势

上海自贸试验区的制度创新进一步激发了区内市场主体的创新活力。截至2020年6月底,上海自贸试验区累计新设企业6.7万家,新设外资企业1.2万家,占浦东新区新设外资企业的77%,实到外资371亿美元,其中99%的外资企业是通过备案方式新设的[①]。

上海自贸试验区有力推进了浦东新区和上海的转型发展,初步实现了与国际经济中心、国际金融中心、国际贸易中心、国际航运中心以及具有国际影响力的科技创新中心的联动。上海自贸试验区以浦东新区1/10的土地面积,创造了浦东新区3/4的GDP、70%的外贸总值,以上海市1/50的土地面积创造了上海1/4的GDP和40%的外贸总值。

而上海自贸试验区临港新片区运行一年,总体方案的实施率达到90%,发布了130多项政策,取得30多项首创性的改革创新案例。2020年临港新片区核心承载区386平方公里范围内,全口径工业总产值1 703亿元,同比增长39%;生产性服务业营收431亿元,同比增长46%。全社会固定资产投资618亿元,同比增长55%,其中,产业固定投资336亿元,同比增长61%[②]。签约项目358个,涉及总投资2 713.63亿元,新增注册企业15 115户,同比增长70%,注册资本金超过2 000亿元,同比增长313%,其中新设外资

---

① 转引自商务部发言人在2020年8月20日商务部例行发布会上的发言。
② 数据源自2021年2月24日,在临港新片区2021年优化营商环境大会上,临港新片区管委会的情况通报。

企业 292 家，实到外资 17.5 亿元①。截至 2020 年 11 月底，临港新片区进出口总额将近 767 亿元，同比增长 7.4%。

截至 2020 年末，全国前 18 家自贸试验区共新设企业 39.3 万家，实际使用外资 1 763.8 亿元，实现进出口总额 4.7 万亿元，以不到全国千分之四的国土面积，实现了占全国 17.6%的外商投资和 14.7%的进出口，为稳外贸稳外资发挥了重要作用②。

---

① 数据转引自"上海自贸区临港新片区成立一周年 收好这份改革创新成绩单"，中央电视台，2020 年 8 月 20 日。
② 转引自 2021 年 2 月 3 日商务部专题新闻发布会，商务部自贸区港司司长对"十三五"时期自贸试验区建设的有关情况的介绍。

# 第3章 上海自贸试验区仍需突破的瓶颈和不足

如前所述，上海自贸试验区挂牌运行七年多来，基本完成了既定的任务，取得了显著的成效，为国家全面深化改革和进一步扩大开放探索了新路径、积累了新经验。

当然，对照国际高水平规则和标准，对照上海自贸试验区设立的"初心"，对照上海自贸试验区承担的"国家试验"任务，上海自贸试验区在以下几个方面仍然存在不足和短板。

## 3.1 对外开放的广度、深度和力度仍需提高

前文已经提到，上海自贸试验区率先探索外资准入负面清单管理模式，推出了中国第一张外资准入负面清单；截至2020年，自贸试验区外资准入特别管理措施已经从2013年的139条大幅缩减至30条。

但在服务业领域，自贸试验区的开放度还相对不足。以2020

年版外资准入负面清单为例,特别管理措施仍然主要集中在服务业。目前,自贸试验区外资准入在整体服务业中的覆盖率比较高,覆盖12个服务业部门中的11个,但从二级服务业部门来看,覆盖率明显不足。教育、金融、交通运输、仓储和邮政业等领域的进入门槛仍然较高,进一步开放的空间依然很大。同时,2020年版外资准入负面清单明确规定,负面清单中未列出的文化、金融等领域与行政审批、资质条件、国家安全等相关的措施,均按照现行规定执行。

2018年,上海自贸试验区率先制定了《中国(上海)自由贸易试验区跨境服务贸易负面清单管理模式实施办法》《中国(上海)自由贸易试验区跨境服务贸易特别管理措施(负面清单)(2018年版)》。但该负面清单主要涉及商业存在中股权限制放宽以及业务放宽两个方面,还没有涉及WTO《服务贸易总协定》(GATS)中对服务贸易定义的包括跨境交付、境外消费、自然人流动和商业存在等所有方面。

对外开放,不仅限于开放领域的广度,还涉及开放的深度。在市场准入之后,外资企业在自贸试验区还面临"准营"的问题。上海自贸试验区仍然存在"大门已开、小门未开"的问题。比如,2020年版自贸试验区外资准入负面清单规定,医疗机构限于合资。但合资的医疗机构在运营中面临外国医师从业的瓶颈,目前依据的仍然是1992年由当时的卫生部制定的《外国医师来华短期行医暂行管理办法》,规定"外籍医师来华从事临床诊断和治疗业务活动不得超过一年期限";合资的医疗机构还面临医疗设备进口许可、医疗费用与医保难衔接等一系列营业约束。自贸试验区不断深化的"证照分离"改革,实际上要解决的也是市场准入和业务准营"两张皮"的问题。

上海自贸试验区一些对外开放的任务还没有落实。2013年,央行上海总部、保监会、证监会和银监会出台了共51条支持自贸试验区建设的意见和措施;2015年10月,中国人民银行、商务部等部门和上海市人民政府联合印发《进一步推进中国（上海）自由贸易试验区金融开放创新试点　加快上海国际金融中心建设方案》，又提出了"金改40条"。但到目前为止，"金改40条"中已经落地的条款为25条，还有15条正在推进，特别是资本项下可兑换的开放度小于预期。

金融开放措施落地不够，一方面的原因是国际国内经济和金融形势发生了巨大变化。特朗普担任美国总统期间，力推"美国优先"战略，中美经贸摩擦升级，加之全球经济复苏乏力，全球跨境投资不确定性和风险上升；国内累积的互联网金融泡沫、房地产金融泡沫不可持续，地方政府债务平台刚性兑付被打破，证券市场大幅波动带来大量质押爆仓风险，外汇储备的过快消耗和人民币汇率的双向波动加剧等，使得国内金融风险防控成为2019年宏观经济"三大战役"之首。在这样的大形势和背景下，自贸试验区金融的过早和过度开放确实会加剧金融风险。在稳定成为重中之重的大背景下，金融开放，哪怕是自贸试验区的金融开放必然受到约束。

另一方面的原因则是金融监管能力的短板。从1997年东南亚金融危机、2008年国际金融危机等教训来看，金融领域，特别是发展中国家金融领域的铁律是"只有管得更好，才能放得更开"。上海自贸试验区对于金融开放，特别是后果会远远超越120平方公里的金融开放，以及金融开放后的金融监管和风险防控，还远没有做好充足的准备。

谈到开放度，对外资的市场准入还只是其中一个方面。上海自贸试验区的"初心"是对接服务中国对外开放，进行对接高标准国际规则的压力测试。但这一块工作也相对滞后。上海自贸试验区，包括临港新片区，对已经完成谈判的区域全面经济伙伴关系协定（RCEP）、中欧投资协定（CAI）等区域性投资贸易协定起到的测试和支撑作用有限；对标全面与进步跨太平洋伙伴关系协定（CPTPP）的研究虽然不少，但真正开展的压力测试很少；对接服务中美经贸结构性问题,比如环境、劳工、知识产权、国有企业、监管一致性、竞争中性、数字贸易等,进行的压力测试几乎没有。

随着拜登就任美国总统,预计国际经贸规则将再次成为中美战略博弈的重要议题和舞台。上海自贸试验区及临港新片区需要切实加大对外开放压力测试的力度,为国家的对外开放提供科学的支撑。

## 3.2 亟须实现从便利化向自由化的提升

前文已经提到,上海自贸试验区在投资和贸易便利化方面进行了大胆探索,初步构建了制度架构,完善了监管流程,形成了不少经验。上海自贸试验区临港新片区则是以建设特殊综保区和特殊经济功能区为目标,在适用自由贸易试验区各项开放创新措施的基础上,以投资自由、贸易自由、资金自由、运输自由、人员进出自由等为重点,推进投资贸易自由化便利化。但对标新加坡等标杆自由贸易港,对标海南自由贸易港的发展目标,上海自贸试验区及临港新片区距离"自由化"还有较大差距。

在货物贸易自由化方面,上海自贸试验区及临港新片区尚未完全实现"一线放开、二线管住"。自由贸易港往往会制定项目非常有限的禁止、限制进出口的货物或物品清单,清单外货物、物品自由进出,以联运提单付运的转运货物不征税、不检验。但上海自贸试验区及临港新片区还没有达到上述"一线放开"的程度,海关实施的账册管理、逐票统计还处在逐渐向自律监管、信息自动汇总过渡的阶段,一体化信息管理服务平台还在完善,还未能实现自由进出。"二线管住"的基础是海关特殊监管区完成封关。目前,洋山特殊综合保税区（一期）规划面积16.29平方公里，已于2020年5月12日封关运行；二期规划面积9.02平方公里，包括芦潮港区域南港区块和浦东机场南部区域，已于2021年1月20日完成封关验收；但三期还在规划中。上海自贸试验区120平方公里的非海关特殊监管区域则无法完成封关。

前文已经提到，上海自贸试验区及临港新片区在跨境服务贸易方面主要还是涉及商业存在，在跨境交付、境外消费、自然人流动等服务贸易模式下还存在不少壁垒，无法给予境外服务提供者国民待遇，与跨境服务贸易配套的资金支付与转移制度也尚未成熟，因此还无法实现服务贸易自由化。

在投资自由化方面，上海自贸试验区和临港新片区还需要争取国家相关部门支持，探索进一步减少市场准入的禁止和限制性特别管理措施，进一步加大服务业对外开放的力度。比如，在电信、保险、证券、科研和技术服务、教育、卫生等重点领域，可以进一步加大对外开放力度，放宽注册资本、投资方式等限制。上海自贸试验区和临港新片区在企业设立环节推进"证照分离"改革，不断提高便利化自由化，但下一步，还需要在企业的全生命周期推进便利化自由化。比如，要进一步推进以"有事必应""无事不扰"为主的经营便利化自由化，以公告承诺和优化程序为主的注销便利化自由化，以尽职履责为主的破产便利化自由化等。

在上海自贸试验区《总体方案》《深改方案》和《全改方案》任务完成评估中，金融创新和开放任务的完成度是最低的。上海自贸试验区1.0版《总体方案》提到的"人民币资本项目可兑换""跨境融资自由化"等任务迄今还没有实现。这固然与全球金融市场和国内金融市场系统性风险提高有关，但也与上海自贸试验区金融风险防控能力不足有关。上海自贸试验区及临港新片区已经建立了自由贸易账户体系，但企业"吐槽"比较集中的是监管有余，而功能不足，自由贸易账户体系实际功能离最初设计的资金自由流入流出和自由兑换的目标还有比较大的差距。由于国内外利差的缩小，区内使用的严格限制，人民币跨境融资的需求已经大幅萎缩。受国家总体调控的影响，上海自贸试验区及临港新片区资金"走出去"的便利化已经不如2013年和2014年，更谈不上资金"走出去"的自由化。总体而言，上海自贸试验区和临港新片区在资金流动自由化方面面临的挑战很多，任务很重。

截至2020年末，上海港已经连续11年稳居全球集装箱货运第一大港的地位，但上海自贸试验区及临港新片区在运输自由化方面还有很大的提升空间。上海自贸试验区虽然推出了沿海捎带、中转集拼等不少政策，但上海港集装箱国际中转占比仍然只有15%左右，距离新加坡、中国香港、釜山都有较大差距。目前制约上海港货运国际中转的主要短板，一是跨关区国际中转集拼的监管。2020年7月，上海自贸试验区在海关的支持下，终于完成了第一笔跨洋山港区和外高桥港区的国际中转集拼业务，而上海港与宁波舟山港、南通港，以及上海港与南京港等海港、内河港口的水水转运，更需要政策创新和监管改进。二是目前对沿海捎带业务的政策限制仍然比较严格。《临港新片区总体方案》中提到的"在对等原则下允许外籍国际航行船舶开展以洋山港为国际中转港的外贸集装箱沿海捎带业务"仍然在研究中，尚未出台，符合条件的船舶仍然有限[1]。三是沿海捎带和启运港退税等政策缺乏协同。上海自贸试验区临港新片区正在探索建设"中国洋山港"船籍港，吸引中外资船舶，特别是中资船舶公司所有的"方便旗"船舶在洋山港登记船籍，这就需要在船舶登记、船舶管理、船员管理、海事服务、财税制度、金融保险、法律服务等方面对标国际通行惯例，推进航运自

---

[1] 依据现行规定，经营沿海捎带业务需要满足以下条件：第一，中资航运公司须注册在境内，且取得《国际班轮运输经营资格登记证》；第二，船舶须是中资航运公司全资或控股拥有的非五星旗国际航行船舶，须备案且不得擅自转租；第三，捎带的货物须是外贸进出口集装箱货物，且以自贸区开放港口为国际中转港；第四，捎带的范围限于国内沿海对外开放港口与自贸区开放港口之间。

由化。同时，上海自贸试验区及临港新片区在推进海运、内河航运、航空运输、铁路运输、公路运输等多式联运效率，推进与长三角多式联运（比如与中欧班列的对接）一体化方面也还有很大的提升空间。

上海自贸试验区及临港新片区在人员进出和从业便利化方面做了不少工作，但离自由化还有较大差距。上海自贸试验区及临港新片区可以学习海南自由贸易港，对外籍人员的工作许可实行负面清单管理，放宽外籍专业技术技能人员停居留政策，允许符合条件的境外人员担任上海自贸试验区及临港新片区法定机构、事业单位、国有企业的法定代表人。上海自贸试验区及临港新片区可以逐步实施更大范围适用免签入境政策，逐步延长免签停留时间。目前，比照新加坡、中国香港的个人收入所得税率，上海自贸试验区及临港新片区的个人收入所得税率仍然比较高，不利于国际人才的争夺。上海自贸试验区及临港新片区要抓紧落实境外人才个人所得税税负差额补贴政策。

## 3.3 制度创新的系统集成仍需进一步提高

前文已经提到，上海自贸试验区在制度创新方面做了大量的工作，形成了一批可复制可推广的经验。上海自贸试验区在政府职能的系统集成方面也做了探索，在全国率先将工商、质检、食药监和物价检查部门合并为市场监督管理局，率先将专利、版权和商标权管理部门"三合一"为知识产权局，同时推进城市管理领域的执法权归集。

但总体而言，上海自贸试验区的制度创新仍然主要呈现碎片化的特征，主要表现为单部门深化改革、单个规章制度的完善、程序或流程的完善等，仍然缺乏跨部门、全周期、系统性的制度创新成果。

以国务院发布的进行复制推广的前四批自贸试验区改革试点经验（参见附录）来看，绝大多数都是海关总署、质检总局、工商总局、税务总局、交通运输部等单部门负责，很少有多部门共同负责的复制推广经验。复制推广的经验大多数只是单个规章制度的完善或单个管理模式的改进，比如"保税混矿"监管创新、进境保税金属矿产品检验监管制度、入境大宗工业品联动检验检疫新模式、国际船舶登记制度创新、国内航行内河船舶进出港管理新模式、进口研发样品便利化监管制度、会展检验检疫监管新模式、海关特殊监管区域间保税货物流转监管模式、入境维修产品监管新模式、原产地签证管理改革创新、期货保税交割海关监管制度、出入境生物材料制品风险管理等。很多复制推广的经验仅仅是程序或流程的完善，比如涉税事项网上审批备案、税务登记号码网上自动赋码、组织机构代码实时赋码、检验检疫通关无纸化、第三方检验结果采信、外商投资企业外汇资本金意愿结汇、直接投资项下外汇登记及变更登记下放银行办理、进口货物预检验、国际海关经认证的经营者（AEO）互认制度、企业协调员制度、税控发票领用网上申请、企业简易注销、海事集约登轮检查制度、融资租赁公司收取外币租金、边检服务掌上直通车、简化外锚地保税燃料油加注船舶入出境手续、铁路运输方式舱单归并新模式、国际航行船舶供水"开放式申报+验证式监管"、一般纳税人登记网上办理等。虽然这些单个监管模式的改进，程序或流程的完善，确实经过了上海自贸试验区和其他自贸试验区积极的沟通和争取、反复的协调，突破实属不易，但仍然只是局部、环节上的改进，仍然只是制度创新的"珍珠"，而不是制度创新的"项链"。

2016年3月，习近平总书记参加全国两会上海代表团审议时提出，要着力加强全面深化改革开放各项措施的系统集成。2017年3月，国务院印发上海自贸试验区《全改方案》，提出加强改革系统集成，将上海自贸试验区建设成为开放和创新融为一体的综合改革试验区，并提出了建立更加开放透明的市场准入管理模式、全面深化商事登记制度改革、全面实现"证照分离"、建成国际先进水平的国际贸易"单一窗口"、建立安全高效便捷的海关综合监管新模式、建立检验检疫风险分类监管综合评定机制、建立具有国际竞争力的创新产业监管模式、优化创新要素的市场配置机制、健全知识产权保护和运用体系等主要任务。上海自贸试验区在此后的运行中，围绕这些任务做了大量的工作，都取得了一定的成效。但如果对标高水平系统集成制度创新成果的要求，比如，对国家层面相关法律法规的建章立制或修订完善作出文本贡献，对中国主导或参与的双边和多边经贸协议谈判提供议题或文本贡献，抑或是推进跨部门、国家级重大项目的落地实施，上海自贸试验区现有的工作还有很大的改进空间。

同时，制度创新系统集成的要求也在与时俱进。习近平总书记在浦东开发开放 30 周年庆祝大会讲话中提出，浦东要在改革系统集成协同高效上率先试、出经验，要探索开展综合性改革试点，统筹推进重要领域和关键环节改革，从事物发展的全过程、产业发展的全链条、企业发展的全生命周期出发来谋划设计改革，加强重大制度创新充分联动和衔接配套，放大改革综合效应，打造市场化、法治化、国际化的一流营商环境。这些，对上海自贸试验区及临港新片区继续推进系统集成的制度创新提出了更高的要求和明确的方向。

## 3.4 企业的关注度、参与度和获得感仍需维持和提高

上海自贸试验区设立之初，吸引了大量的市场主体。挂牌一

年，新设企业就达到1.2万余家，超过挂牌前23年的总和。大量的企业来上海自贸试验区新设，是被自贸试验区改革开放政策所吸引，同时抱有对上海自贸试验区进一步改革开放的良好预期。

上海自贸试验区设立之后，确实也如前文所述，带来了绩效的改进。但随着全国自贸试验区建设的不断推进，上海自贸试验区给企业带来的新鲜感、关注度和获得感确实也在递减。

截至2020年末，全国已经有21个自贸试验区，主要任务除了投资、贸易、金融、政府职能等"固定动作"以外，还有适合各自特点和优势的"自选动作"。这就给了市场主体以巨大的选择，而不再是唯上海自贸试验区。同时，上海自贸试验区临港新片区也已经挂牌运行，兼具海关特殊综保区和特殊经济功能区的政策红利，吸引了大批新设企业。上海自贸试验区临港新片区成立一周年，新增注册企业15 115户，同比增长70%，注册资本金超过2 000亿元，同比增长313%，其中新设外资企业515户，注册资本超90亿美元[①]。

上海自贸试验区在运行的初期，的确做到了"一年一个样，三年大变样"。如前文所述，上海自贸试验区在通关时间、通关成本、商事登记时间、商事注销时间、企业"走出去"等方面成效明显。但随着改革开放的进一步深化，单个部门流程改善、效率提高的空间越来越小，进一步改革开放探索遭遇的风险越来越高、触碰到的部门事权越来越高、触碰到的部门利益越来越多，进一步制度创新需要协调的部门越来越多、系统集成的难度越来越大，表现出来的就是市场准入负面清单特别管理措施的进一步缩短越来越难，投资贸易进一步便利化越来越难，投资、贸易等所需时间和成本的进一步边际下降程度在递减。同时，上海自贸试验区不少政策还处在试

---

① 数据源自2020年8月13日，在上海市政府新闻发布会上，上海市政府副秘书长、中国（上海）自由贸易试验区临港新片区管委会常务副主任作的上海自贸区临港新片区成立一周年改革创新情况介绍。

点阶段，仅局限在少数企业。比如，张江跨境科创监管服务中心参与的试点企业较少，医疗器械上市许可和合同生产试点仅局限在少数企业，集成电路全产业链保税监管试点企业数量偏少，自贸试验区内的广大企业缺乏获得感。

上海自贸试验区在运行中还遭遇了世界经济在 2008 年全球金融危机后恢复乏力、增长缓慢，特朗普就任总统之后力推单边主义、保护主义，与中国开展了经贸领域的激烈博弈，新冠肺炎疫情在全球肆虐等，这些都使得全球经济增长的不稳定不确定性大幅提高。为了防范系统性风险，中国减缓了资本项下可兑换的开放速度，加强了资本跨境流动的管控。这在很大程度上影响了上海自贸试验区金融开放和金融创新计划的实施，打破了市场主体对上海自贸试验区金融开放和创新的预期。比如上海自贸试验区挂牌后一年内新设的 1.2 万家企业，其中超过三分之一都是广义金融企业，都想从事金融开放和创新业务。但是，金融开放措施迟迟不能落地落实，使得这些企业无法开展相关创新业务，累积了不少失望。

随着 RCEP 的签署、中欧投资协定（CAI）谈判的结束，境内外市场主体对中国整个的对外开放的预期进一步提高，进而对自贸试验区的政策预期也"水涨船高"。如果上海自贸试验区及临港新片区下一阶段的实际营商环境、政策力度达不到市场主体的预期，那么其获得感和参与度肯定会受到影响。

## 3.5 授权不足问题亟须解决，管理架构有待进一步完善

党的十九大报告提出"赋予自由贸易试验区更大改革自主权"，就是因为在上海自贸试验区运行评估中，授权不足是一个突出的

问题。

前文已经提到，随着上海自贸试验区改革开放探索的深化，市级事权领域深化改革、系统集成已经推进比较彻底，但更多的改革开放事项或诉求涉及中央事权部门，特别是涉及几个甚至十几个中央事权部门，"一事一议"的决策需要反复在诸多的中央事权部门之间进行流转。

2015年国务院成立了国务院自由贸易试验区工作部际联席会议，在一定程度上为解决自贸试验区改革试验中遇到的重大问题提供了协调机制。2018年5月，中共中央、国务院成立推进海南全面深化改革开放领导小组，领导小组办公室设在国家发展改革委，主要负责领导小组会议的筹备工作，组织开展推进海南全面深化改革开放相关重大问题研究，统筹协调有关方面制定实施相关政策、方案、规划、计划和项目等，加强对重点任务的工作调度、协调和督促检查等。相关国家部委也设立了推进海南全面深化改革开放工作专班，全力推进海南全面深化改革开放各项工作，有力支持海南自贸试验区建设。但是，包括上海自贸试验区在内的自贸试验区的授权和协调工作还没有发生根本性的变化。

《中国（上海）自由贸易试验区条例》是2014年上海市人大通过的地方性立法，对上海市通过与中央部委积极沟通而争取到的政策进行了确认。但上海市积极争取的立法授权、打包授权迄今仍然没有突破。

自贸试验区管委会与浦东新区政府合署办公，这是上海自贸试验区的管理体制创新。这一创新也复制到了上海自贸试验区临港新片区。合署办公的目的，是按照开放度和透明度更高的要求来改造区级政府，探索政府整体运作的新体制，实现政府职能转变的目标，同时明确自贸区建设的主体责任、统筹协调几个片区、统筹协调自贸试验区区内区外的资源，并希望把自贸区试验的成功经验第一时间复制推广到浦东新区全境。现在来看，合署办公的这些目标基本都已实现,尤其是推进区一级政府职能集成,成效明显。

但合署办公也带来了一些问题。浦东新区辖区1 200多平方公里,常住人口600多万人,经济社会、民生发展任务异常繁重,同时又是上海建设国际经济中心、国际贸易中心、国际金融中心、国际航运中心、具有国际影响力的科创中心的主战场,还承担了国家综合配套改革试验区、国家自主创新示范区等诸多国家任务。因此,浦东新区政府如何保证将自贸试验区先行先试、制度创新的任务摆在诸多任务的首要位置,是一个值得研究的问题。最近几年,连上海自贸试验区管委会政策研究局的职能都已经逐渐归并到浦东新区党委研究室,如何保证新区党委、政府的各个部门将自贸试验区改革开放任务的落实作为诸多工作中的主要工作,在完成大量的日常工作的同时,自觉自愿地进行自贸试验区改革开放的前瞻性、系统性思考,是一个值得研究的问题。

## 3.6 服务国家战略和区域协同发展作用有待提升

国务院发展研究中心在对上海自贸试验区三年运行的评估报告中指出:"服务国家战略和增强区域协同发展,是自贸试验区发挥本地优势和辐射带动作用的重要内容,符合培育国际竞争新优势的重大战略需求。上海自贸试验区在对接四大中心建设和全球科创中心发展上积极主动,但并未充分发挥地处'一带一路'和长江经济带交汇点的优势,对'一带一路'和长江经济带区域的辐射带动效应仍显薄弱。与广东、天津、福建自贸试验区分别紧密联动粤港澳一体化、京津冀协同发展、闽台合作相比,上海自贸试验区对周边区域发展的辐射联动效应还需要进一步加强。"

虽然上海自贸试验区3.0版《全改方案》提出"主动服务'一带一路'建设和长江经济带发展","创新合作发展模式,成为服务国家'一带一路'建设、推动市场主体走出去的桥头堡",但对照进入"工笔画"阶段的"一带一路"建设要求,对照上升为国家战略的长三角一体化建设要求,上海自贸试验区服务国家战略和区域协同发展的作用还有待进一步提升。这些将在后文详细阐述。

# 第4章
# 上海自贸试验区经验的复制推广

中国的改革开放是典型的渐进式制度创新的过程，是不断地摸索、试验以及复制、推广的过程[①]。以制度创新为核心，形成可复制可推广的经验，是自贸试验区建设的使命。上海自贸试验区从开始挂牌运行就明确，要成为推进改革和开放的"试验田"。截至2020年8月，在商务部向全国或特定区域复制推广的260项制度创新成果中，有124项为上海自贸试验区首创或与其他地方共同总结形成[②]。运行七年多来，上海自贸试验区制度创新的经验在不同的范围、层面上进行了复制和推广。

## 4.1 上海自贸试验区制度创新经验复制推广的路径

根据制度创新复制推广路径的性质与特点，上海自贸试验区制

---

① 林毅夫，蔡昉，李周. 论中国经济改革的渐进式道路[J]. 经济研究，1993(9)：3–11.
② 数据源自商务部新闻发言人2020年8月20日在商务部例行发布会上的通报。

度创新的复制与推广有三类路径。第一类是依次扩大空间范围的复制推广,路径包括市内区外、相关特殊区域和全国范围的复制推广。第二类是依次扩大内容范围的复制推广,路径包括单项复制、子类复制与整体复制。第三类是按照授权的不同,路径包括自上而下组织化的复制推广和自主自选式的复制推广,前者是由中央政府授权在更广的不同区域进行经验的复制推广,而后者是一些地方政府主动地、选择性地复制上海自贸试验区的经验。三类复制推广的实践并非彼此独立,更多的是交织在一起。

1. 上海自贸试验区经验复制推广的空间路径

按照空间范围的不同,上海自贸试验区经验复制的空间路径包括市内区外、相关特殊区域和全国范围三个层次。

(1)市内区外,即自贸试验区经验在上海市的非自贸试验区的其他区域的复制推广。

2015年4月,上海自贸试验区第一次扩区,从2013年的28平方公里扩展至120平方公里,新增加了陆家嘴片区、金桥片区、张江片区和世博片区。2019年8月,上海自贸试验区新设临港新片区。自贸试验区面积的扩大,在一定程度上缓解了自贸试验区发展的空间约束,并在更广的地域复制推广,由更多的产业和企业去分享自贸试验区的制度创新成果和经验。

同时,除法律法规特别规定的以外,上海自贸试验区制度创新的大部分举措都已经第一时间在浦东新区及上海所有的区县复制推广。比如,上海市虹口区人民政府在2015年7月下发了《虹口区推广中国(上海)自由贸易试验区改革试点经验的实施方案》,在加大简政放权力度和完善事中事后监管、推动投资便利化改革、完善贸易便利化措施、深化金融开放创新等四个领域提出了19项具体任务,同时明确了负责部门和时间进度。事实上,上海所有区县都已经出台和执行了类似的复制推广上海自贸试验区经验的实施方案。而浦东新区政府与全域上海自贸试验区管委会合署办公,就是为了更加快捷地在浦东新区复制推广自贸试验区经验。

"十三五"时期,全国自贸试验区共计形成了 1 300 余项制度创新成果在本省、自治区、直辖市推广。其中 2020 年推广了 220 余项,比如广东自贸试验区推广了"构建聘任港澳籍劳动人事争议仲裁员制度"等 11 项经验,福建自贸试验区推广了"设立台胞台企服务专窗"等 23 项经验,江苏自贸试验区推广了"服务'一带一路'战略的中欧班列'保税加出口'货物集装箱混拼模式"等 20 项经验,黑龙江自贸试验区推广了"构建对俄特色医疗旅游模式"等 10 项经验[①]。

(2)相关特殊区域。区域性复制推广是指将上海自贸试验区制度创新经验复制推广到其他与上海自贸试验区条件类似的特殊经济区域,既包括新设立的自贸试验区,也包括全国其他的海关特殊监管区域。

2015 年 4 月,天津、广东和福建自贸试验区挂牌运行。2017 年 4 月,浙江、辽宁、河南、湖北、陕西、重庆和四川自贸试验区也挂牌运行。截至 2020 年末,中国已经建立了 21 个自贸试验区。

后续自贸试验区总体方案的基本框架,以及主要的"规定动作",即贸易便利化、投资便利化、金融开放创新、政府职能转变和法制环境完善,大部分都是借鉴了上海自贸试验区的《总体方案》和《深改方案》,只是在"自选动作",比如广东自贸试验区促进粤港澳合作、福建自贸试验区深化海峡两岸经济合作、天津自贸试验区加快推进京津冀协同发展、陕西自贸试验区加快推进"一带一路"建设和西部大开发、辽宁自贸试验区推动东北老工业基地振兴等,体现了地方的特色以及各自承担的国家战略。2020 年 7 月,国务院发布《关于做好自由贸易试验区第六批改革试点经验复

---

① 转引自 2021 年 2 月 3 日商务部专题新闻发布会,商务部自贸区港司司长对"十三五"时期自贸试验区建设的有关情况的介绍。

制推广工作的通知》，明确要求将"建设项目水、电、气、暖现场一次联办模式""股权转让登记远程确认服务""野生动植物进出口行政许可审批事项改革"3项经验在所有的自贸试验区复制推广。

区域复制推广的第二种是海关特殊监管区域。2013年设立之初的28平方公里的上海自贸试验区全部是海关特殊监管区域。因此，在上海自贸试验区内形成的一些贸易便利化经验就比较适合在达到监管软硬件条件的其他海关特殊监管区域复制推广。比如，国务院2014年12月发布《关于推广中国（上海）自由贸易试验区可复制改革试点经验的通知》，明确要求将上海自贸试验区形成的"期货保税交割海关监管制度"等3项海关监管制度创新，"进口货物预检验"等3项检验检疫制度创新，在全国其他海关特殊监管区域复制推广。国务院2016年11月发布的《关于做好自由贸易试验区新一批改革试点经验复制推广工作的通知》，明确要求将"入境维修产品监管新模式"等6项自贸试验区制度创新经验在全国海关特殊监管区域复制推广，"海关特殊监管区域间保税货物流转监管模式"在实行通关一体化的海关特殊监管区域复制推广。2018年5月国务院发布《关于做好自由贸易试验区第四批改革试点经验复制推广工作的通知》，要求将"海关特殊监管区域'四自一简'监管创新""'保税混矿'监管创新"2项经验在海关特殊监管区域复制推广，"先出区、后报关"这1项在海关特殊监管区域及保税物流中心（B型）复制推广。2020年7月，国务院发布《关于做好自由贸易试验区第六批改革试点经验复制推广工作的通知》，明确要求将"保税航煤出口质量流量计计量新模式"在保税监管场所复制推广，将"二手车出口业务新模式"在二手车出口业务试点地区复制推广。

（3）全国范围。上海自贸试验区制度创新经验在全国范围的复制推广也可以分成几个层次。

早期是"成熟一项，复制推广一项"。上海自贸试验区在全国范围复制推广的第一项制度创新经验是企业注册资本登记制度改革。上海自贸试验区在全国最早试验将企业注册资本登记由实缴制改为认缴制，将企业年检制度改为企业年度报告制度。2013年10月25日，国务院常务会议部署公司注册资本登记制度改革。2014年2月7日，国务院印发《关于印发注册资本登记制度改革方案的通知》，并自当年3月1日起在全国进行复制推广。为了完善相关法制保障，全国人大常委会对《中华人民共和国公司法》进行了修订，并于2014年3月1日起施行。

除了"成熟一项，复制推广一项"的单项经验的复制推广以外，国家相关部门还连续六次成批次地向全国复制推广自贸试验区的制度创新经验成果。第一次是前文已经提到的，国务院2014年12月发布《关于推广中国（上海）自由贸易试验区可复制改革试点经验的通知》，在全国范围内复制推广上海自贸试验区改革经验28项。第二次则是2016年11月，国务院发布了《关于做好自由贸易试验区新一批改革试点经验复制推广工作的通知》。该通知要求在全国复制推广12项经验成果。第三次是2017年7月，商务部、交通运输部等联合发布《关于做好自由贸易试验区第三批改革试点经验复制推广工作的函》，向全国复制推广自贸试验区第三批5项改革试点经验。第四次是2018年5月，国务院发布《关于做好自由贸易试验区第四批改革试点经验复制推广工作的通知》，向全国复制推广27项自贸试验区经验。第五次是2019年4月，国务院发布《关于做好自由贸易试验区第五批改革试点经验复制推广工作的通知》，向全国复制推广18项自贸试验区经验。第六次是2020年7月，国务院发布《关于做好自由贸易试验区第六批改革试点经验复制推广工作的通知》，向全国复制推广31项自贸试验区经验。

上海自贸试验区制度创新经验在空间上的复制推广路径，有从市内区外到特殊区域（海关特殊监管区域、其他自贸试验区），再到全国的依次扩大复制推广范围的实践,比如国际贸易"单一窗口";也有越过依次扩大复制推广范围,直接在全国范围内复制的实践,比如企业年报公示制度等。后者反映了中央在全面深化改革和进一步扩大开放上的决心和迫切。

2. 上海自贸试验区经验复制推广的内容路径

按照复制推广内容的属性或范围,上海自贸试验区经验复制推广路径可分单项复制、子类复制与整体复制三种类型。某个具体单项内容的复制即为单项复制,比如注册资本认缴制、证照分离改革等。其次是子类(或子系统)复制,往往由某个领域的若干单项内容(包括具体的措施、做法等)组成,比如贸易便利化经验、投资便利化经验等。整体复制范围更广,一般指制度创新的基本框架和做法措施体系的复制推广。

具体来说,前文提到的商事登记改革中的每个单项,比如注册资本认缴制、企业年报公示等,贸易便利化的"先进区、后报关""十检十放"等的复制推广,就属于单项复制。

海关总署决定自2014年8月18日起在长江经济带9省2市51个海关特殊监管区域复制推广上海自贸试验区的海关监管新模式(包括"集中汇总纳税""保税展示交易""先进区、后报关"等14项监管创新和5项企业管理创新),即为子类复制。2019年3月全国人大通过,并在2020年1月1日起实施的《外商投资法》中正式引入外资准入负面清单管理模式,这也是子类复制。

前文已经提到,目前后续20个自贸试验区总体方案的基本框架,以及主要任务的"规定动作",即贸易便利化、投资便利化、金融开放创新、政府职能转变和法制环境完善,大部分都是直接借鉴了上海自贸试验区的总体方案。这是整体复制。

到目前为止,国务院共发布了六批自贸试验区改革试点经验复制推广的通知。就上述六批复制推广的经验内容而言,大部分还是单项复制和子类复制。

3. 上海自贸试验区经验复制推广的授权路径

按照上海自贸试验区经验复制推广的授权不同，可以分为两种基本路径：一是组织化的自上而下的路径，即由国家相关部委会同上海市对上海自贸试验区制度创新的内容进行评估和总结，形成试点经验，然后由中央政府及相关部委授权在更多、更广的区域进行复制推广；二是自主复制的路径，即地方政府自主性地、选择性地学习、借鉴、复制和模仿自贸试验区的制度创新成果、措施或做法。

（1）自上而下组织化的授权路径。目前在所有海关特殊监管区域和全国复制推广的上海自贸试验区的经验都是通过组织化的自上而下授权的方式推进的。

单项或子类经验主要是被国务院或相关部委采纳，通过新设或修订政策法规的形式推广到全国。比如前文提到的国务院发布的《关于印发注册资本登记制度改革方案的通知》《企业信息公示暂行条例》等。前文已经提到了六次由国务院或相关部委推动的成批次的经验复制推广，具体形式是由国务院或相关部委发布的通知或函类的行政文件。

国内最高层级的授权复制是法律的修订或制定。比如2014年1月第十二届全国人民代表大会常务委员会第六次会议对《中华人民共和国公司法》进行了修订，以更好地实施注册资本登记制度改革。再如，2019年3月第十三届全国人民代表大会第二次全体会议通过，并于2020年1月1日起实施的《外商投资法》，就正式引入了外资准入的负面清单管理模式。

组织化的自上而下的授权复制效果是明显的，会在大范围内快速复制推广自贸试验区的经验。举例来说，截至2017年末，国务院及国家部委向全国复制推广了123项包括上海自贸试验区在内的自贸区改革试点经验，当时尚未建立自贸试验区的云南省就已经完成共计102项改革试点经验的推广，其中包括投资类67项，贸易类16项，金融类及其他等19项①。全国所有的省（区、市）都在积极复制国务院要求推广的自贸试验区经验。

（2）自主复制的路径。自贸试验区经验的复制和推广还包括地方政府主动的、选择性的复制、模仿，甚至包括在模仿基础上的进一步发展和创新。

中国经济进入新常态，中国经济增长和经济发展的新旧动能正在转变。全面深化改革和进一步扩大开放已经成为重要的新动能。与此同时，地方政府之间的"GDP锦标赛"正在进一步拓展到"改革锦标赛""开放锦标赛"和"创新锦标赛"。自贸试验区恰恰是全面深化改革和进一步扩大开放最主要的国家级、综合性的"试验场"。因此，地方政府自主复制包括上海自贸试验区在内的自贸试验区制度创新经验，成为2013年以来的"常态"。

早期的地方政府自主复制推广上海自贸试验区经验往往与申报自贸试验区联系在一起。比如，2014年，天津市一方面复制推广上海自贸试验区制度创新经验，另一方面"把该做的事先做起来，把能做的事做到位"，为申报自贸试验区做好扎实的准备工作②。

地方政府在自主复制上海自贸试验区经验的过程中，还创新出了"零售复制"做法，即不仅局限于"依葫芦画瓢"的"批发"复制推广上海自贸试验区的经验，还创造性地研究和实践将复制上海自贸区经验与本地有基础、有特色、有优势的改革开放先行先试工作相结合。笔者就先后承接了广西壮族自治区驻沪办委托的"及时借鉴上海自贸试验区金融创新的经验 把广西打造成面向中国-东盟自贸区升级版的区域性国际金融中心"课题，湖北武汉东湖高新区管委会委托的"学习借鉴上海自贸试验区经验，打造东湖特色

---

① 韩成圆，刘子语. 云南已完成102项自贸区改革试点经验推广［N］. 云南日报，2018-1-16.
② 尹晨. 自贸区申报不能够一味坐等［N］. 东方早报，2014-8-4.

的科技创新和科技金融"课题，湖南省长沙市商务局委托的"复制推广上海自贸区经验，建设长沙文化先导型自由贸易园区"课题，江苏省连云港市商务局委托的"借鉴上海自贸试验区经验，建设自由贸易港"课题等研究课题。

地方政府在复制推广上海自贸试验区经验的同时，还积极在复制基础上寻求新的突破与创新。比如2017年6月，当时还没有设立自贸试验区的湖南长沙，在复制推广上海自贸试验区"先照后证"、电子营业执照、三证合一等经验的基础上，率先做到"四十三证合一"[①]。

地方政府不但复制推广上海自贸试验区的具体措施和做法，还复制推广上海自贸试验区改革开放创新的理念。其中复制推广最多的理念就是"法无禁止即可为"的负面清单管理模式理念。比如浙江省、海南省、陕西省都先后发布了政府的"权力清单""责任清单"和"负面清单"。

这样的自主复制和模仿因为是主动的，所以复制和推广也比较迅速。但这样的复制和推广又是局部的、选择性的和自利性的，那些符合地方特点和优势、地方具备条件、简单易行、效果快速而明显的经验往往会被优先复制，而地方条件不具备、改革阻力较大、短期效果不显著、需要突破的机制障碍较多的自贸试验区制度创新经验往往得不到其他地方政府的青睐。

而各地的区位及口岸要求，经济开放程度，改革开放理念，干部队伍素质，管理体制效率，产业基础，营商环境，金融市场规模、深度和开放程度，海关特殊监管区域数量、体量及质量，人力资源支持，基础设施，政务的数字化、信息化程度等诸多条件都会影响地方政府主动复制推广的宽度和深度。

---

① 徐海瑞. 长沙颁发首张"四十三证合一"执照［N］. 潇湘晨报，2017-6-29.

## 4.2 上海自贸试验区制度创新经验复制推广的不足和溯因

自贸试验区是一个新生事物,哪怕是最早设立的上海自贸试验区,迄今运行也才有七年多的时间。这样一个新生事物的经验总结,进而经验复制和推广,本身就受到试验探索时间有限的影响。回顾和总结上海自贸试验区经验复制推广的情况,可以总结出如下的不足之处或低于预期之处。

第一,复制和推广的绝大部分是单项或子类经验,整体性、制度性的经验很少。目前来看,整体性经验的复制和推广仅体现在后发的自贸试验区复制上海自贸试验区的整体方案框架和"固定动作"的主要任务;在不同区域范围内复制推广的经验主要是单项和子类经验,其中又以单项经验为主。

第二,组织化自上而下的经验复制和推广主要依靠的是国家部委和国务院的行政法规,经验总结提炼并上升到法律新设或修订层面的很少。即便有,比如2016年9月3日全国人大常委会对《外资企业法》等法律的修订,也仅仅涉及有关行政审批的条款,法律任务明确,即仅仅为了解决上海自贸试验区法律授权到期问题,并不是一个全面的修订。到目前为止,只有《外商投资法》引入了负面清单管理模式。

第三,上海自贸试验区的经验总结提炼并上升到双边或多边国际经贸协议的迄今还没有。自贸试验区实际上承担了为中国主动参与国际经贸规则重构、参与世界经济治理体系改革等提供制度性公共产品的任务。但迄今来看,包括上海自贸试验区在内,中国的自贸试验区在总结归纳经验,为对外谈判提供制度性公共产品方面还没有作出实质性贡献。

第四,随着时间的推移,地方政府主动复制推广包括上海自贸试验区在内的自贸试验区经验的积极性在递减。这一方面说明地方政府在执行全国范围内的、组织化的、自上而下的自贸试验区经验复制推广方面不遗余力,国务院推动的批次复制和国家部委推动的单项复制得到比较好的落实,大部分可复制可推广的经验都涵盖到了,留给主动复制的经验比较少了;而另一方面则说明包括上海自贸试验区在内的自贸试验区在制度创新方面还需保持持久动力,还需要源源不断提供可复制可推广的经验。

如果继续寻找这些不足的原因,可以发现,主要原因还是出在上海自贸试验区改革、开放和创新的先行先试上缺乏系统集成的设计,形象的说法是"珍珠很多,但还没有用线串成项链";同时上海主导、与国家部委讨价还价争取的"大胆闯、大胆试、自主改"的政策,本身碎片化比较严重,彼此之间缺乏系统性和兼容性。

这些都需要在上海自贸试验区的后续发展和升级中加以完善。

# 第 5 章
# 中国自贸试验区：
# 从"雁阵"到"矩阵"

## 5.1 "雁阵模式"是上海自贸区经验复制和推广的必由途径

"雁阵模式"最早是由日本学者赤松要（1935）提出，用以说明当时的日本与发达国家间的产业转移。后来"雁阵模式"被日本学者小岛清（1987）进一步用以研究东亚经济的发展模式。他认为 20 世纪 60 年代到 80 年代，从日本到"亚洲四小龙"再到东盟其他国家，东亚国家和地区通过产业的依次梯度转移，大力发展外向型经济，实现了整个地区的经济腾飞①。在"雁阵模式"中，日本是雁首，亚洲四小龙是雁翼，东盟其他国家是雁尾。后续又有经济学家进一步发展了"雁阵模式"理论，提出小国"雁阵模式"往往是指独立经济体之间的产业转移和承接，而大国"雁阵模式"

---

① 小岛清. 对外贸易论 [M]. 南开大学出版社，1987.

则表现为一个独立经济体内部不同发展程度地区之间的产业转移和承接（蔡昉等，2009）。

前文已经提到，中国的改革开放遵循着顶层设计加地方先行先试的经验路径。在产业的转移方面存在梯次转移的"雁阵模式"，而在重大系统性制度的创新和复制推广方面也形成了"雁阵模式"。

经验可复制可推广是中国（上海）自由贸易试验区建设的前置要求。2014年3月6日，习近平总书记在参加全国人大上海代表团审议时指出"建设自由贸易试验区是一项国家战略，要牢牢把握国际通行规则，大胆闯、大胆试、自主改，尽快形成一批可复制、可推广的新制度，加快在促进投资贸易便利、监管高效便捷、法制环境规范等方面先试出首批管用、有效的成果"。建立自贸试验区的"雁阵"，有利于自贸试验区经验的复制推广，有利于推进中国的全面深化改革和进一步扩大开放[①]。

前文提到，上海自贸试验区经验的复制推广路径是多元的。有些经验可以直接在全国复制推广，有些适合在海关特殊监管区域复制推广，而有些则需要在更大的但有限的行政区域范围内进行扩大试验的创新性复制，尤其是那些不适合在单个狭小地域进行，同时又需要具备相当的开放基础、市场基础和制度基础的重大改革和开放领域。这就需要在上海自贸试验区以外，在条件符合地区新设若干自贸试验区，以共同承担一些影响面大、风险性高、系统复杂程度高的制度创新，同时也避免出现因独享性"政策洼地"带来的异常要素流动及可能的风险。

从空气动力学的角度看，以雁阵编队飞行的大雁，能够有效利用编队形成的有利的空气动力变化，飞行的距离要比具有同样体质而单独飞行的大雁多70%。同样，在自贸区建设上形成以上海自贸试验区为首、若干自贸试验区为翼的"雁阵"，为全面深化改革和

---

① 尹晨. 全国自贸区建设应取雁阵模式[N]. 东方早报，2014-5-15.

扩大开放探路的效果将明显优于上海自贸试验区孤雁单飞。

第一，"雁阵模式"的优势体现在更大的破除障碍的能力。

中国的改革已经进入攻坚期和深水区，全面深化改革遭遇的障碍更多元、更复杂也更隐蔽，不够成熟的市场经济形成的各类既得利益集团、碎片化的政府部门和政府权力、林林总总的各类行政审批程序和非竞争中立规则、各类"玻璃门""天花板"等，就像是漂浮在水上或隐藏在水下的浮冰，阻碍着改革的航船继续前行。与全面深化改革同样重要的任务还有进一步扩大开放。国际经济、投资和贸易格局正面临深层次变化，国际经济治理的格局也面临重构，世界经济不稳定不确定风险不断提高，这些也给中国的进一步开放带来了重大挑战。

上海自贸试验区承担了"破冰船"的先锋重任。但如果以单兵突进的方式先行先试，面对的阻力和压力以及困难和障碍都是可想而知的。"一枝独秀不是春，百花齐放春满园。"在全面深化改革和更大程度开放的试验中，更多自贸试验区的参与和协同，将有利于形成和累积改革开放"破冰"的规模优势和协同优势，提高"破冰"前行的速度和效率。

第二，"雁阵模式"的优势体现在有利于形成和维持强劲和持久的改革开放动力机制。

十八届三中全会以后，"为竞争而增长"的地方间的 GDP 锦标赛已经逐步转变为你追我赶的改革开放锦标赛。由于自贸试验区是目前集改革和开放于一体的综合性试验平台，因此，全国各地兴起申报自贸试验区热潮的背后也有在改革开放锦标赛中不甘居于人后的竞争心态在驱使。如果条件成熟的地区建设自贸试验区的核心目标是结合各地特点、各有侧重地推进深化改革和扩大开放，那么自贸试验区适度扩容，形成自贸区建设的"雁阵模式"，进而形成"为竞争而改革""为竞争而开放"的动力机制是值得鼓励和发展的。

第三,"雁阵模式"的优势体现在分散和分担风险。

前文已经提到一些全局性的重要领域(比如金融)的改革和开放,如果局限在一地,容易引起"洼地效应"和大规模要素的异常流动,容易诱发系统性风险。因此,类似金融开放和创新等市场化改革的先行先试,有必要在条件符合的更广和更多地区扩大试点,避免出现风险的过度集中,同时能够积累更多的经验。

第四,"雁阵模式"的优势体现在适合中国多样化的现实。

中国地大物博,幅员辽阔,不同地区有不同优势,也有不同的特点,每个地区在国家发展战略中肩负的使命也不同。比如沿海的天津、上海和广东分别处于环渤海、长三角和珠三角三个城市圈,总体经济发展水平和开放水平比较高;广西、云南、黑龙江等地处沿边地区,处于"一带一路"建设的前沿,与周边国家有较多的贸易和投资联系;而四川、重庆、湖南和湖北等位于中部,具有东部沿海地区和中西部地区过渡带、长江开放经济带和沿海开放经济带结合部的区位优势,又具有产业梯度转移和国家支持中西部地区发展的重大机遇。不同地区结合自身优势和特点,围绕打造中国改革开放升级版的总方向可以做很多试验。更多的自贸试验区在共性经验的基础上积极探索多样化的发展路径,可以形成更丰富的经验库;同时,共性的经验也确实需要与各地不同的区位、产业、发展条件相结合才能"落地""生根""开花"和"结果"。

第五,"雁阵模式"的优势还体现在稳定的经验共享机制。

上海自贸试验区是一个综合性的改革开放试验区,但千万不能错误地认为所有的改革开放试验都适合、都必须在上海自贸试验区先行先试。上海自贸试验区在很多领域可以"有所为",但也在不少领域没有条件"有所为",或者有更合适的地区开展另外一些领域的先行先试。中央将可复制可推广作为上海自贸试验区先行先试的前置要求,这样的前置要求也同样适用于扩容后的其他自贸试验区。"雁阵"中任何自贸试验区改革开放的经验将可以率先在其他的自贸区复制和推广,在不同的自贸试验区都"有所为有所不为"的情况下,稳定的经验共享机制对于自贸试验区"雁阵"的分工与协同也是非常重要的。

从现有的国际自由贸易园区建设的经验来看,大部分国家和地区的自由贸易园区都不止一个,大都形成了自由贸易园区建设的"雁阵模式"。

新加坡目前有9个自由贸易园区,樟宜机场自贸区和廊裕港自贸区是最主要的两个自贸区。廊裕港自贸区已经从最初的侧重于转口贸易转为集贸易和加工为一体的综合性自贸区,而樟宜机场自贸区侧重于航空货运和机场物流。

迪拜有30多个自由贸易园区。杰贝阿里自贸区是迪拜最大的自贸区,总面积达100平方公里,背靠迪拜最大的港口,工贸结合是其特点,专注于物流、贸易、供应链管理、加工制造再出口等相关业务;而迪拜网络城、迪拜金融城、迪拜媒体城等自由贸易园区则具有明显的产业导向。

美国则建有大量的自由贸易园区。1970年全美有12个自由贸易区,1994年增至199个,2016年活跃的自由贸易区约为195个[①]。

上述国家和地区一般都形成了包含多个自由贸易园区的"雁阵",一则能够与各自的地理位置、功能定位、产业特点等更好地结合,二则自由贸易园区之间的竞争与合作能够更好地推进自由贸易园区的发展。当然,当整个国家(地区)或更大的区域实现了投资与贸易的更高程度的自由化以后,自由贸易园区也会逐渐地退出历史舞台。比如当欧盟统一市场逐渐成熟之后,2013年1月1日,德国著名的港口汉堡就正式取消了自由贸易港,结束了它125年的自由港的运行。

---

① 杜江. 美国自由贸易区什么样 [J]. 中国海关, 2018 (2): 60 - 62.

## 5.2 中国自贸试验区"雁阵"的形成

2013—2017年,中国逐渐形成了"1+3+7"的自贸试验区"雁阵"。上海自贸试验区是头雁,然后从东部向中西部、从沿海向内陆、从经济开放度最高的地区向经济开放度较高的地区拓展。

2015年,中国新增了广东、天津和福建3个自贸试验区。这3个自贸试验区位于中国的东部沿海地区,经济发展水平和经济开放度在全国名列前茅。这3个自贸试验区的总体方案很大程度上借鉴了上海自贸试验区的总体方案,主要任务的"规定动作"也集中在贸易便利化、投资便利化、金融开放与创新、政府职能转变以及法制环境完善。当然,3个自贸试验区也结合各自特色和优势,提出了"自选动作"。

广东自贸试验区提出的"自选动作"主要是建设粤港澳深度合作示范区和21世纪海上丝绸之路重要枢纽。为此,广东自贸试验区在《内地与香港关于建立更紧密经贸关系的安排》《内地与澳门关于建立更紧密经贸关系的安排》及其补充协议(以下统称《安排》)框架下探索对港澳更深度的开放,探索粤港澳服务要素便捷流动,推动适应粤港澳服务贸易自由化的金融创新。广东自贸试验区致力于加强与21世纪海上丝绸之路沿线国家和地区的贸易往来,建设21世纪海上丝绸之路物流枢纽。同时,广东自贸试验区还致力于引领珠三角地区加工贸易转型升级,打造泛珠三角区域发展综合服务区。

天津自贸试验区提出的"自选动作"主要是加快推进京津冀协同发展。为此,天津自贸试验区致力于增强口岸服务辐射功能,完善京津冀通关一体化。天津自贸试验区通过高端产业集聚,促进京津冀地区优化现代服务业、先进制造业和战略性新兴产业布局，创新区域经济合作模式，促进区域产业转型升级。天津自贸试验区探索京津冀金融改革创新试验，开展金融监管、金融产品和服务方面的创新，推动区域金融市场一体化。天津自贸试验区还致力于构筑服务京津冀区域发展的科技创新和人才高地。

福建自贸试验区提出的"自选动作"主要是建设深化两岸经济合作示范区和打造面向 21 世纪海上丝绸之路开放合作新高地。为此，福建自贸试验区探索闽台产业合作新模式，探索扩大对台服务贸易（电信和运输服务、商贸服务、建筑业服务、产品认证服务、工程技术服务、专业技术服务等）开放，推动对台货物贸易自由，推动人员往来便利化。福建自贸试验区着力培育平潭开放开发新优势，推进平潭片区的服务贸易自由化和航运自由化，建设平潭国际旅游岛。

2017 年，中国的自贸试验区进行了第二次扩容，新增了 7 个新自贸试验区，包括辽宁、陕西、河南、重庆、四川、湖北和浙江自贸试验区。从第三批自贸试验区开始，增设了中西部的自贸试验区。除了浙江自贸试验区以外，其他 6 个自贸试验区的经济发展水平与经济开放度与第一批和第二批自贸试验区存在一定的落差。这 7 个自贸试验区的总体方案仍然借鉴了上海自贸试验区的总体方案，主要任务的"规定动作"也集中在贸易便利化、投资便利化、金融开放与创新、政府职能转变以及法制环境完善。当然，7 个自贸试验区也结合各自特色和优势，提出了各自的"自选动作"。

辽宁自贸试验区提出的"自选动作"主要是引领东北地区转变经济发展方式、提高经济发展质量和水平，以及加强东北亚区域开放合作。为此，辽宁自贸试验区加快老工业基地结构调整，深化国资国企改革，促进产业转型升级，推进东北一体化协同发展。辽宁自贸试验区推进与东北亚全方位经济合作，全面融入中蒙俄经济走廊建设，巩固对日、对韩合作，构建连接亚欧的海陆空大通道，打造面向东北亚的现代物流体系和具有国际竞争力的港航发展制度与运作模式。

陕西自贸试验区提出的"自选动作"主要是建设内陆型改革开放新高地、"一带一路"经济合作和人文交流重要支点。为此，陕西自贸试验区致力于扩大与"一带一路"沿线国家经济合作，创新互联互通合作机制，创新国际产能合作模式，创新现代农业交流合作机制，创新科技合作机制，创新教育合作机制，创新文化交流合作机制，创新旅游合作机制，创新医疗卫生合作机制。陕西自贸试验区推动西部大开发战略深入实施，带动西部地区开放型经济发展，推动区域创新发展，促进区域产业转型升级，构建服务区域发展的人才高地。

河南自贸试验区提出的"自选动作"主要是建设成为服务于"一带一路"建设的现代综合交通枢纽和内陆开放型经济示范区。为此，河南自贸试验区致力于增强服务"一带一路"建设的交通物流枢纽功能，畅通国际交通物流通道，完善国内陆空集疏网络，开展多式联运先行示范，扩大航空服务对外开放，推进内陆口岸经济创新发展，促进国际医疗旅游产业融合发展，培育"一带一路"合作交流新优势。

重庆自贸试验区提出的"自选动作"主要是建设成为"一带一路"和长江经济带互联互通重要枢纽、西部大开发战略重要支点。为此，重庆自贸试验区致力于推进"一带一路"和长江经济带联动发展，构建多式联运国际物流体系，探索建立"一带一路"政策支持体系。重庆自贸试验区推动长江经济带和成渝城市群协同发展，探索建立区域联动发展机制，促进区域产业转型升级，增强口岸服务辐射功能。

四川自贸试验区提出的"自选动作"主要是打造内陆开放战略支撑带先导区、内陆与沿海沿边沿江协同开放示范区。为此，四川自贸试验区积极实施内陆与沿海沿边沿江协同开放战略，构建与陕滇黔渝藏等西部地区、东部发达地区和长江经济带的协同合作机制，探索共建产业合作园区，依托双流航空枢纽、成都国际铁路港、川南临港口岸，构建与"一带一路"沿线相关国家和长江经济带空、铁、公、水联运的综合物流服务体系，打造沿江开放口岸，促进与长江主要港口的协同开放合作。

湖北自贸试验区提出的"自选动作"主要是打造中部有序承接产业转移示范区和内陆对外开放新高地。为此，湖北自贸试验区致力于促进中部地区和长江经济带产业转型升级，加快建设长江中游航运中心，构建国际物流枢纽，推动中部地区和长江经济带产业合理布局、协同发展，推动自贸试验区与中部和长江经济带其他地区开展广泛的经贸合作，更好发挥示范带动作用。

浙江自贸试验区提出的"自选动作"主要是打造国际大宗商品贸易自由化先导区和具有国际影响力的资源配置基地。为此，浙江自贸试验区推动油品全产业链投资便利化和贸易自由化，建设国际海事服务基地，建设国际油品储运基地，建设国际石化基地，建设国际油品交易中心，建设国际矿石中转基地。

## 5.3 中国自贸试验区"矩阵"的形成

中国的自贸试验区建设从 2018 年开始出现了新的格局。

2018 年 4 月，习近平总书记在庆祝海南建省办经济特区 30 周年大会上的讲话中，宣布党中央决定支持海南全岛建设自由贸易试验区，支持海南逐步探索、稳步推进中国特色自由贸易港建设，分步骤、分阶段建立自由贸易港政策和制度体系。习近平总书记指出："自由贸易港是当今世界最高水平的开放形态。海南建设自由贸易港要体现中国特色，符合中国国情，符合海南发展定位，学习借鉴国际自由贸易港的先进经营方式、管理方法。"2018年9月，国务院印发《中国（海南）自由贸易试验区总体方案》，确定海南自贸试验区的战略定位是建设全面深化改革开放试验区、国家生态文明试验区、国际旅游消费中心和国家重大战略服务保障区。2020年6月，中共中央、国务院发布《海南自由贸易港建设总体方案》。

《海南自由贸易港建设总体方案》提出"海南是我国最大的经济特区，具有实施全面深化改革和试验最高水平开放政策的独特优势"。《海南自由贸易港建设总体方案》提出"到2025年，初步建立以贸易自由便利和投资自由便利为重点的自由贸易港政策制度体系"，"到2035年，自由贸易港制度体系和运作模式更加成熟，以自由、公平、法治、高水平过程监管为特征的贸易投资规则基本构建，实现贸易自由便利、投资自由便利、跨境资金流动自由便利、人员进出自由便利、运输来往自由便利和数据安全有序流动"，"到本世纪中叶，全面建成具有较强国际影响力的高水平自由贸易港"。

2018年5月，中共中央、国务院成立推进海南全面深化改革开放领导小组（以下简称"领导小组"），中央政治局常委、国务院副总理韩正担任组长。领导小组办公室设在国家发展改革委，主要负责领导小组会议的筹备工作，组织开展推进海南全面深化改革开放相关重大问题研究，统筹协调有关方面制定实施相关政策、方案、规划、计划和项目等，加强对重点任务的工作调度、协调和督促检查等。2021年6月，《中华人民共和国海南自由贸易港法》正式实施。

海南自贸试验区虽然是中国设立的第12个自贸试验区，但已经不再延续以往自贸试验区复制推广上海自贸试验区框架加边际自主创新的模式，而是侧重对接服务国家重大战略，积极推动系统自主创新，推动形成全面开放新格局，并率先探索建立世界最高水平的开放形态——自由贸易港。

2019年8月，上海自贸试验区新设临港新片区。临港新片区将建设海关特殊综保区，建设特殊经济功能区，以投资自由、贸易自由、资金自由、运输自由、人员从业自由、数据快捷联通等为重点，推进投资贸易自由化便利化，同时实现信息快捷联通。

2019年8月，6个新设自贸试验区，山东、江苏、广西、河北、云南、黑龙江自贸试验区挂牌运行。至此，东部沿海地区所有省份都设立了自贸试验区，同时首次出现了沿边自贸试验区。6个自贸试验区的战略定位和发展目标都从第三批自贸试验区的"对接国际高标准投资贸易规则体系"进一步提升为"对标国际先进规则，形成更多有国际竞争力的制度创新成果"。江苏自贸试验区、山东自贸试验区、河北自贸试验区雄安片区是经济发展基础和定位都很高的经济发展区域。这些自贸试验区也都提出了高水平的发展目标。江苏自贸试验区提出，南京片区要建设成为具有国际影响力的自主创新先导区、现代产业示范区和对外开放合作重要平台，苏州片区要建设成为世界一流高科技产业园区，打造全方位开放高地、国际化创新高地、高端化产业高地、现代化治理高地，连云港片区要建设成为亚欧重要国际交通枢纽、集聚优质要素的开放门户、"一带一路"沿线国家（地区）交流合作平台。山东自贸试验区提出，济南片区要建设成为全国重要的区域性经济中心、物流中心和科技创新中心，青岛片区要打造东北亚国际航运枢纽、东部沿海重要的创新中心、海洋经济发展示范区，烟台片区要打造中韩贸易和投资合作先行区、海洋智能制造基地、国家科技成果和国际技术转移转化示范区。河北自贸试验区提出，雄安片区要重点发展新一代信息技术、现代生命科学和生物技术、高端现代服务业等产业，建设成为高端高新产业开放发展引领区、数字商务发展示范区、金融创新先行区，大兴机场片区要建设成为国际交往中心功能承载区、国家航空科技创新引领区、京津冀协同发展示范区。

2020年8月，国务院印发了北京、安徽、湖南3个新设自贸试验区的总体方案，同时印发了《中国（浙江）自由贸易试验区扩展区域方案》。北京自贸试验区的发展目标是建设具有全球影响力的科技创新中心,加快打造服务业扩大开放先行区、数字经济试验区,着力构建京津冀协同发展的高水平对外开放平台。安徽自贸试验区的发展目标是加快推进科技创新策源地建设、先进制造业和战略性新兴产业集聚发展,形成内陆开放新高地。湖南自贸试验区的建设目标是着力打造世界级先进制造业集群、联通长江经济带和粤港澳大湾区的国际投资贸易走廊、中非经贸深度合作先行区和内陆开放新高地。浙江自贸试验区实现扩区,新增了宁波片区、杭州片区和金义片区,扩区面积达到119.5平方公里,将以打造以油气为核心的大宗商品资源配置基地、新型国际贸易中心、国际航运和物流枢纽、数字经济发展示范区和先进制造业集聚区为主要发展目标。

从2018年至今,中国的自贸试验区已经从"雁阵"模式逐渐发展成为"矩阵"模式。自贸试验区"矩阵"具有以下几方面的特点。

一是服务国家全面开放新格局的构建。2017年10月,党的十九大提出"推动形成全面开放新格局","形成陆海内外联动、东西双向互济的开放格局"。目前,中国的自贸试验区已经形成了沿海、内陆和沿边三个自贸试验区集群。东部沿海地区,从辽宁到海南所有的省(区、市)都已经设立了自贸试验区,中西部地区的四川、重庆、陕西、湖南、湖北、河北、河南、安徽等设立了内陆自贸试验区,黑龙江、云南、广西设立了沿边自贸试验区。三个自贸试验区集群将在打造对外开放新格局中发挥先锋模范作用。

二是形成了不同层次的对外开放形态。海南不但全岛建设自贸试验区,而且率先探索建设具有中国特色的自由贸易港,率先探索国际最高水平的开放形态。上海自贸试验区临港新片区建设海关特殊综保区和特殊经济功能区,积极探索"五个自由"和"一个快捷",同时探索具有国际竞争力的税收制度和政策。其他的自贸试验区则进一步深化改革开放，建设高标准高质量自由贸易园区。

三是不断丰富差别化探索。随着自贸试验区经验越来越多、越来越广、越来越深入的复制推广，自贸试验区之间的制度和政策落差正在不断收敛。但与此同时，各自贸试验区的差别化探索、"自选动作"正在越来越丰富，各自贸试验区都在强化首创性制度创新和经验案例。这使得中国自贸试验区的经验库、案例库不断扩大，供自贸试验区、海关特殊监管区域和全国复制推广的制度创新成果涉及越来越多的领域，呈现越来越丰富的形态。

# 第6章
# 上海自贸试验区创新的持久动力

## 6.1 上海自贸试验区要警惕和预防"极点"效应

跑步运动中,一般人如果以高速的短跑速度跑到超越短跑距离的时候,会出现两腿发软、全身乏力、呼吸困难等生理反应。此时,需要调整步伐和呼吸节奏、咬牙坚持,如果顺利度过这一阶段,再跑上千米都没有问题。运动学上将短跑遭遇极限后的身体疲劳反应称为"极点"效应,英文是"hitting the wall",所以又称"撞墙"效应。

上海自贸试验区《总体方案》实施时间是三年,所有的建设参与者都以"只争朝夕"的短跑速度投入已经明确的各项任务之中,自贸试验区"一年一个样、三年大变样"。由于国家战略的需要,上海自贸试验区又进入了《深改方案》实施阶段、《全改方案》实施阶段,2019年8月20日上海自贸试验区临港新片区挂牌运行。

上海自贸试验区建设从"短跑"变成了"中长跑"。在对上海自贸试验区的调研中，我们发现了一些"极点"效应的现象。

1. "极点"效应的症状

第一，上海自贸试验区建设的参与者，包括企业、第三方机构或组织、政府部门及其公务员、自贸区研究机构等，以及一般民众，对上海自贸试验区的新鲜感和关注度都在逐渐消退。特别是市场化程度比较高的自媒体对自贸试验区的关注度在快速减退，很多原先以"自贸区"为名的微信公众号都已纷纷改名。

第二，企业对注册到上海自贸试验区新片区已经比较理性，不再是毫不犹豫"冲将进去"，而是要充分了解政策、商务成本和市场机会，并与上海自贸试验区临港新片区、周边的江浙皖自贸试验区进行综合对比，区内企业对自贸试验区政策的预期也越来越理性。

第三，早期上海自贸试验区改革、开放和创新带来了绩效的明显改善，比如通关时间和成本下降、开办企业效率提高等，但到了后期持续改进的幅度开始递减，企业获得感的增加、典型绩效指标的改进不再明显。

第四，相关政府部门的一些同志在争取进一步的开放和试验措施的过程中"屡战屡败"，受挫感明显，不少同志出现"厌战"情绪，缺乏"屡败屡战"的积极性和韧性；建设初期"敢于争先""勇于担当"的"精、气、神"少了，应对日常性、事务性的工作开始占据相关部门同志越来越多的时间和精力。

第五，在上海自贸试验区管委会与浦东新区政府合署办公后，相关部门对上海自贸试验区发展的前瞻性、战略性问题或无暇顾及，或主动思考不够，一些工作陷入"自动巡航"状态。

2. 产生"极点"效应的原因

细化研究上海自贸试验区"极点"效应的背后，可以发现主要的原因包括新的目标不明确、新的预期不明朗、新的环境需要适应、新"短板"不断出现、持久动力尚未形成等。

新的目标不明确。上海自贸试验区已经完成了1.0版《总体方案》、2.0版《深改方案》，基本完成3.0版《全改方案》，但4.0版方案尚不明确。这就像行车已经到了前一阶段设定的出发地，但导航仪还没有设定下一阶段的目的地，于是很可能就开始"漫游式自动巡航"。

新的预期不明朗。上海自贸试验区临港新片区设立之后，原有的上海自贸试验区再也没有新的政策出台。这会影响上海自贸试验区继续吸引新入驻企业，同时也会影响自贸试验区建设参与者的预期，进而影响其行为。实际上，一些注册运营在上海自贸试验区的企业已经开始考虑转移注册至上海自贸试验区临港新片区。

新的环境需要适应。上海自贸试验区所处的大环境已经发生了变化。国家层面开始构建全方位、多层次的对外开放新格局，全国设立了21个自贸试验区，上海自贸试验区新设临港新片区。这与2013年上海自贸试验区作为国家改革开放先行先试的"独养儿子"的形势相比已经发生了根本变化。这必然使得上海自贸试验区在国家相关部门心目中的重要性有所下降，在相关部门忙于为新的、更多的甚至更高层次的国家战略研究和制定政策措施的时候，上海自贸试验区争取适合自身特点的政策措施的难度变得更大了。同时如前文所述，企业对自贸试验区的选择也更广。

上海自贸试验区还面临新旧不少"短板"。区域范围有限，成熟功能区可利用土地资源已经饱和，商务成本居高不下；上海自贸试验区管委会与浦东新区政府合署办公，专职从事自贸试验区相关研究和工作推进的力量实际上是减少了，比如上海自贸试验区管委会政策研究局的主要工作已经并入浦东新区区委研究室；上海自贸试验区直面临港新片区在政策力度、土地储备、商务成本等方面的竞争压力。

随着改革开放先行先试的深入，上海自贸试验区也率先进入改革开放"深水区"和"攻坚期"。上海自贸试验区直面的是系统集成深化改革、全面提升开放环境下政府治理能力、供给制度性公共产品等挑战。这样的过程是缺乏短期和显性政绩、"静悄悄的革命"式的"内功"修炼过程,同时又是"刀刃向内"的过程,需要调整原先固化的利益、流程和格局。上海自贸试验区的挑战还来自对标的国际标准是客观存在的,对标的国际先进的绩效目标是明确的,但所处的法律环境和治理环境是不同的,实现高标准和优绩效的一些道路无法复制。中国现有的法律法规体系、发展阶段和国情国力,要求上海自贸试验区主要依靠自身的创新和探索去实现对标的目标。后续的自贸试验区可以复制推广上海自贸试验区的经验,但先发的上海自贸试验区只能更多地靠自己去探索新路径、积累新经验。

上海自贸试验区制度创新需要持久的动力机制。自贸试验区是国家全面深化改革、进一步扩大开放的"掘进机"和"破冰船"。自贸试验区的建设不是短跑,而是中长跑。自贸试验区的建设既要有时不我待、只争朝夕的干劲,也要有驰而不息、久久为功的韧劲。而这既需要像CPTPP这样的外部压力,也需要有主动作为的持久内生动力。

## 6.2　建立持久的创新动力机制

上海自贸试验区要预防和克服"极点"效应,实现可持续的制度创新,在全国自贸试验区矩阵中保持先发优势,核心是要建立持久的动力机制。否则,哪怕是上海自贸试验区临港新片区,乃至海南自由贸易港,迟早也会面临"极点"效应。建立自贸试验区持久的动力机制,要注意以下几方面问题。

1. 坚持"顶层设计+基层探索+锦标赛机制"的经验路径

自1978年改革开放以来,基层探索(又称"摸着石头过河")、顶层设计以及锦标赛机制,是中国自下而上与自上而下结合推进改革开放并取得翻天覆地变化和成效的经验路径。

从1978年的家庭联产承包责任制,到私营企业主制、乡镇企业制、国有企业承包制、外资企业等先行探索,从设立深圳特区,到设立沿海开放城市、海南建省、浦东开发开放,"摸着石头过河"及"以点带面"的改革思想及理论,地方大胆先行先试及积极探索的"干中学"实践,正如习近平同志指出的:"改革开放在认识和实践上的每一次突破和发展,无不来自人民群众的实践和创造。鼓励解放思想、积极探索,对必须取得突破但一时还不那么有把握的改革,采取试点探索,投石问路的方法,看准了再推开,这是推进改革的一条基本经验。"[①]

随着改革的不断深化,随着改革进入"深水区"和攻坚期,改革遭遇越来越多难啃的"硬骨头",遭遇越来越多重大利益关系的调整,遭遇越来越多牵动全局的敏感问题和重大问题,改革涉及的面也越来越广。这时,仅仅依靠"摸着石头过河"的基层探索已经不能应对越来越复杂的挑战。2012年12月,习近平同志在十八届中共中央政治局第二次集体学习时阐释了基层探索与中央顶层设计的辩证统一关系,指出:"摸着石头过河和加强顶层设计是辩证统一的,推进局部的阶段性改革开放要在加强顶层设计的前提下进行,加强顶层设计要在推进局部的阶段性改革开放的基础上来谋划。"2013年11月党的十八届三中全会通过的《中共中央关于全面深化改革若干重大问题的决定》指出,"坚持正确处理改革发展稳定关系,胆子要大、步子要稳,加强顶层设计和摸着石头过河相

---

[①] 中共中央宣传部. 习近平新时代中国特色社会主义思想三十讲[M]. 人民出版社,2018:101.

结合,整体推进和重点突破相促进,提高改革决策科学性,广泛凝聚共识,形成改革合力","必须更加注重改革的系统性、整体性、协同性"。2013年12月,中共中央全面深化改革领导小组成立,负责改革总体设计、统筹协调、整体推进、督促落实。顶层设计为基层探索提供了指导思想和实践方向,并为基层探索提供统筹协调和政策支持。而基层探索在顶层设计的方向指引下进行,以其试验性、创造性为顶层设计提供源头活水和实践支撑,为理论提升和制度提炼提供实践经验。

锦标赛机制则是保障和激励地方政府积极参加先行先试和基层探索的重要机制设计。1978年改革开放以来,在中国经济迅速增长的"中国奇迹"背后,"为竞争而增长"的锦标赛机制发挥了重要的作用。周黎安(2007)等提出,中国的晋升锦标赛符合了能够发挥激励作用的五个条件:第一,上级政府的人事权力是集中的,它可以决定一定的晋升和提拔的标准,并根据下级官员的绩效决定升迁;第二,存在一种从委托人和代理人的角度看都可衡量的、客观的竞赛指标,如GDP增长率、财政收入等;第三,参赛政府官员的"竞赛成绩"是相对可分离和可比较的;第四,参赛政府官员能够在相当程度上控制和影响最终绩效;第五,参赛政府官员之间不容易形成合谋[①]。进入21世纪,锦标赛机制开始进入更多的非经济领域,比如脱贫攻坚、乡村治理、城市治理、文明城市、污染防治等。

自贸试验区是"顶层设计+基层探索+锦标赛机制"的典型实践。作为为全国全面深化改革和进一步扩大开放战略探索新路径、积累新经验的综合性试验区,党中央制定自贸试验区总体方案,明确指导思想、基本原则、发展目标和主要任务。各自贸试验区在总

---

① 周黎安. 中国地方官员的晋升锦标赛模式研究 [J]. 经济研究, 2007 (7): 36-50.

体方案指导下,"大胆闯、大胆试、自主改",细化任务清单,同时还结合地方特色和优势,探索"自选动作",探索首创性制度创新。中央及时总结自贸试验区的探索经验和创新成果,在全国进行复制和推广,或吸纳其进入国家的制度和法规。自贸试验区方阵不断扩大,自贸试验区之间既存在制度创新成果能否入选国家层面制度创新复制推广案例的竞争,也存在营商环境、政策力度等方面的竞争,进而影响招商引资、产业发展和功能提升。

促进上海自贸试验区及临港新片区的持续发展,必须坚持和完善"顶层设计+基层探索+锦标赛机制"的经验路径。党的十九届五中全会审议通过了《中共中央关于制定国民经济和社会发展第十四个五年规划和二〇三五年远景目标的建议》,习近平同志在浦东开发开放30周年庆祝大会讲话中提出"党中央正在研究制定《关于支持浦东新区高水平改革开放、打造社会主义现代化建设引领区的意见》,将赋予浦东新区改革开放新的重大任务",上海自贸试验区及临港新片区"十四五"期间及面向2035年的主要任务的顶层设计都已清晰。上海自贸试验区需要积极争取商务部和其他部委的支持,在《关于支持浦东新区高水平改革开放、打造社会主义现代化建设引领区的意见》的框架下,尽快制定上海自贸试验区的4.0版建设方案和上海自贸试验区临港新片区2.0版建设方案,明确细化要求,明确主要任务,制定实施的路线图和时间表,引导各方面的参与者形成理性预期。

随着中国自贸试验区方阵的不断扩大,随着海南加快推进自由贸易港建设,随着上海自贸试验区临港新片区的建设,上海自贸试验区这个曾经的自贸试验区"领头雁",要正确理解和应对自贸试验区锦标赛的压力。上海自贸试验区不能故步自封于"领头雁"地位,不能畏首畏尾,自绑手脚,丧失"大胆闯、大胆试"的"吃螃蟹"精神;上海自贸试验区要坦然面对海南自由贸易港和临港新片区的一些特殊政策,要靠更优的营商环境、更积极的压力测试、更系统集成的制度创新、更加切合企业需求的首创性政策供给、更完善的创新生态来保持在改革开放锦标赛中的先发优势。

2. 坚持对标国际高水平规则和标准

2014年12月7日,习近平同志在中央政治局第十九次集体学习时指出:"加快实施自由贸易区战略,是我国积极参与国际经贸规则制定、争取全球经济治理制度性权力的重要平台,我们不能当旁观者、跟随者,而是要做参与者、引领者,善于通过自由贸易区建设增强我国国际竞争力,在国际规则制定中发出更多中国声音、注入更多中国元素,维护和拓展我国发展利益。"

上海自贸试验区及临港新片区的探索和创新,还是要坚守2013年自贸试验区设立时的"初心",即对标国际高水平规则和标准。

美国在特朗普总统任期内,大力推行"美国优先"原则,不断退出多边框架,凸显单边主义。在特朗普任期内,以WTO为代表的全球经济治理体系面临停摆挑战,高水平国际经贸规则谈判止步不前,CPTPP接棒TPP后成色有所下降。在特朗普任期内,中美爆发了激烈的经贸摩擦,经过艰难谈判,中美第一阶段谈判达成的协议以利益交换为主,尚未涉及深层次的结构性问题。相对于奥巴马任期内的情况,中国在特朗普的任期内,面临的国际经贸规则压力有所缓解。

2021年1月,拜登就任美国总统。拜登在竞选时就提出反对贸易战和滥用制裁措施,主张利用国际规则和盟友力量遏制中国崛起,同时在对美国有利的领域与中国合作。可以预期的是,国际经贸规则将再次成为中美大国博弈的重要筹码和舞台。作为重要的"先手棋",习近平主席在2020年11月亚太经合组织(APEC)第二十七次领导人非正式会议上发表讲话时说,中国"将积极考虑加入CPTPP"。上海自贸试验区及临港新片区要继续对标更高水平的国际经贸规则,为进一步扩大开放做好压力测试。

相较于2013年,上海自贸试验区及临港新片区对标国际规则的起点已经有了大幅提高。2020年11月，区域全面经济伙伴关系协定（RCEP）签署，15国将建立世界上参与人口最多、成员结构最多元、发展潜力最大的自贸区。2020年12月，中欧投资协定（CAI）完成谈判，该协定涉及领域远远超越传统双边投资协定，谈判成果涵盖市场准入承诺、公平竞争规则、可持续发展和争端解决四方面内容；协定注重平衡性，双方作出开放承诺的同时，十分注重保留必要的监管权；协定高度重视公平竞争规则，双方立足于营造法治化营商环境，就国有企业、补贴透明度、技术转让、标准制定、行政执法、金融监管等与企业运营密切相关的议题达成了共识。RCEP和CAI都是国家层面的区域投资贸易协定，生效后将在全国适用。上海自贸试验区及临港新片区对标的是更高水平的国际经贸规则，不仅要对标CPTPP，还要对美国重返多边框架后发达经济体可能提出的CPTPP Plus的经贸规则作前瞻性研究，并率先开展相应的压力测试。

上海自贸试验区及临港新片区的"对标国际"，实际上是一个"最高标准和最好水平"的体系，其中既包括国际高水平经贸规则，也包括最好水平的营商环境，还包括最高标准投资和贸易便利化的绩效。

世界银行2019年10月发布的《2020年营商环境报告》，中国的营商环境全球排名从《2018年营商环境报告》的第78位，连续跃升至第31位，连续两年入列全球优化营商环境改善幅度最大的十大经济体。世界银行评价主要依据的是北京和上海的营商环境情况，毫无疑问，上海自贸试验区不断完善国际化、市场化、法治化营商环境，上海自贸试验区的经验在上海全市乃至全国复制推广，在其中发挥了重要的作用。但下一阶段，上海自贸试验区及临港新片区对标的，不能再仅仅停留在世界银行普适性的、答题式的"开办企业、办理施工许可、获得电力供应、登记财产、获得信贷、投资者保护、缴纳税款、跨境贸易、合同执行、办理破产"十个指标上。放眼全球，伦敦、新加坡、中国香港等标杆自由贸易港的营商环境，是开放经济最高形态的综合环境，包括投资贸易自由化、国际化的法治环境和契约精神、具有国际竞争力的专业服务、高水平人才集聚等。上海自贸试验区及临港新片区要研究国际标杆自由贸易港的营商环境，结合自身发展目标和发展条件，率先建立和完善兼具全球竞争力和中国特色的营商环境目标体系和评价体系。同时，鉴于科技创新将是"十四五"期间和面向2035年自贸试验区的中心任务，上海自贸试验区及临港新片区营商环境建设的中心内容之一，还应包括建立有利于科技创新和成果转化的创新生态。

上海自贸试验区及临港新片区还要对标国际高水平的绩效标杆。比如，世界银行发布的《2016年营商环境报告》列出了主要经济体的通关时间和成本。2015年，在边界合规条件下，货物出口通关平均时间新加坡为12小时，香港为19小时，OECD国家平均为15小时；在单证合规条件下，货物出口通关平均时间新加坡为4小时，香港为1小时，OECD国家平均为5小时；在边界合规条件下，货物进口通关平均时间新加坡为35小时，香港为19小时，OECD国家平均为9小时；在单证合规条件下，货物进口通关平均时间新加坡为1小时，香港为1小时，OECD国家平均为4小时。根据中国海关总署发布的数据，到2019年12月，全国出口整体通关时间降至2.6小时，比2017年缩短78.6%，全国进口整体通关时间降至36.7小时，比2017年缩短62.3%；但是距离国际最高水平还是有一定的差距[①]。

2015年，在边界合规条件下，货物出口通关平均每集装箱所耗费用新加坡为335美元，香港为282美元，OECD国家平均为160美元；在单证合规条件下，货物出口通关平均每集装箱所耗费用新加坡为37美元，香港为52美元，OECD国家平均为36美元；在边界合规条件下，货物进口通关平均每集装箱所耗费用新加坡为

---

[①] 杜海涛. 我国口岸整体通关时间压缩过半 [N]. 人民日报，2020-1-14.

220 美元，香港为 266 美元，OECD 国家平均为 123 美元；在单证合规条件下，货物进口通关平均每集装箱所耗费用新加坡为 37 美元，香港为 130 美元，OECD 国家平均为 25 美元。而根据中国海关总署发布的数据，中国跨境贸易出口合规总成本从 2017 年的 568.7 美元降至 2019 年的 330 美元，两年下降超 40%；进口合规总成本从 2017 年的 915.9 美元降至 2019 年的 318 美元，两年下降超 65%；但是距离国际最高水平也还是有一定的差距[①]。

再比如国际贸易单一窗口。上海自贸试验区的国际贸易"单一窗口"与新加坡的 TradeNet 相比，也还存在较大的差距：相对于 TradeNet 的信息和流程的高度集成，现有的上海自贸试验区国际贸易"单一窗口"仅仅集成了电子口岸和部分监管部门的信息，信息集成和共享还没有全部完成，更谈不上监管流程的优化；TradeNet 数据全部采用世界海关组织的通用数据格式，并有专门部门对数据元进行标准化，而上海自贸试验区现有的数据还没有标准化，在现有条件下只是用技术映射的方式减少数据元；TradeNet 已经与商贸通 TradeXchange、港口网 PortNet、电脑综合码头作业系统 Citos 等实现了全面对接，实现了闭环的电子化的贸易监管体系，而上海自贸试验区国际贸易"单一窗口"很多功能还没有添加，与进出口许可、港口 EDI 系统等还没有实现互联，没有形成进出口贸易业务流程监管和便利化的全覆盖。

因此，总结上海自贸试验区及临港新片区对标国际高水平经贸规则，对标国际一流水平的营商环境，对标国际最好的绩效水平，找到差距并奋力赶超就能够为上海自贸试验区及临港新片区的创新发展提供源源不断的持久动力。

3. 坚持对接服务国家重大战略

对接服务国家重大战略也是上海自贸试验区的"初心"。随着

---

① 杜海涛. 我国口岸整体通关时间压缩过半 [N]. 人民日报，2020-1-14.

时代的发展，上海自贸试验区需要不断对接服务新的国家重大战略，同时对接服务国家重大战略在新时代的新要求。

党的十九届五中全会提出了新发展阶段、新发展理念和新发展格局的重要判断和重大战略部署。我国进入新发展阶段，是以习近平同志为核心的党中央站在"两个一百年"历史交汇点，对我国经济社会发展历史坐标的科学判断。"十四五"时期是我国全面建成小康社会、实现第一个百年奋斗目标之后，乘势而上开启全面建设社会主义现代化国家新征程、向第二个百年奋斗目标进军的第一个五年。同时，当今世界正经历百年未有之大变局，新一轮科技革命和产业变革深入发展，国际力量对比深刻调整，和平与发展仍然是时代主题，人类命运共同体理念深入人心，同时国际环境日趋复杂，不稳定性不确定性明显增加，新冠肺炎疫情影响广泛深远，经济全球化遭遇逆流，世界进入动荡变革期，单边主义、保护主义、霸权主义对世界和平与发展构成威胁。中国进入新发展阶段，要求统筹中华民族伟大复兴战略全局和世界百年未有之大变局，深刻认识社会主要矛盾变化带来的新特征新要求，深刻认识错综复杂的国际环境带来的新矛盾新挑战，增强机遇意识和风险意识，立足社会主义初级阶段基本国情，保持战略定力，办好自己的事，认识和把握发展规律，发扬斗争精神，树立底线思维，准确识变、科学应变、主动求变，善于在危机中育先机、于变局中开新局，抓住机遇，应对挑战，趋利避害，奋勇前进。

《中共中央关于制定国民经济和社会发展第十四个五年规划和二〇三五年远景目标的建议》（以下简称《建议》）提出，要坚定不移贯彻创新、协调、绿色、开放、共享的新发展理念，把新发展理念贯穿发展全过程和各领域，切实转变发展方式，推动质量变革、效率变革、动力变革，实现更高质量、更有效率、更加公平、更可持续、更为安全的发展。在推进创新发展方面，《建议》明确提出"把科技自立自强作为国家发展的战略支撑"，要"面向世界科技前沿、面向经济主战场、面向国家重大需求、面向人民生命健康，深入实施科教兴国战略、人才强国战略、创新驱动发展战略，完善国家创新体系，加快建设科技强国"。在推进协调发展方面，《建议》提出：要大力解决发展不平衡不充分的问题，增强发展的整体性协调性；要优先发展农业农村，全面推进乡村振兴，解决城乡协调发展；优化国土空间布局，推进区域协调发展和新型城镇化；基本公共服务实现均等化，城乡区域发展差距和居民生活水平差距显著缩小。在推进绿色发展方面，《建议》明确提出要"坚持绿水青山就是金山银山理念，坚持尊重自然、顺应自然、保护自然，坚持节约优先、保护优先、自然恢复为主，守住自然生态安全边界"，要"深入实施可持续发展战略，完善生态文明领域统筹协调机制，构建生态文明体系，促进经济社会发展全面绿色转型，建设人与自然和谐共生的现代化"。在推进开放发展方面，《建议》明确提出要"坚持实施更大范围、更宽领域、更深层次对外开放，依托我国大市场优势，促进国际合作，实现互利共赢"，要"推动共建'一带一路'高质量发展"，要"积极参与全球经济治理体系改革"。在推进共享发展方面，《建议》明确提出"坚持人民主体地位，坚持共同富裕方向，始终做到发展为了人民、发展依靠人民、发展成果由人民共享"，要"扎实推动共同富裕，不断增强人民群众获得感、幸福感、安全感，促进人的全面发展和社会全面进步"。

十九届五中全会提出"加快构建以国内大循环为主体、国内国际双循环相互促进的新发展格局"。构建新发展格局是以习近平同志为核心的党中央根据我国发展阶段、环境、条件变化做出的战略决策，是事关全局的系统性深层次变革。它不是权宜之计，也不是短期之策，更不是被动之举，而是适应我国经济发展阶段和社会主要矛盾转变、着眼我国长远发展的主动选择和战略决策。以国内大循环为主体，就是要坚持扩大内需这个战略基点，加快培育完整内需体系，把实施扩大内需战略同深化供给侧结构性改革有机结合起来，以创新驱动、高质量供给引领和创造新需求；以国内大循环为主体，就是要畅通国内大循环，要依托强大国内市场，贯通生产、分配、流通、消费各环节，打破行业垄断和地方保护，形成国民经济良性循环，要破除妨碍生产要素市场化配置和商品服务流通的体制机制障碍，降低全社会交易成本。而国内国际双循环相互促进，则要求以国内大循环吸引全球资源要素，充分利用国内国际两个市场两种资源，积极促进内需和外需、进口和出口、引进外资和对外投资协调发展。

新发展阶段、新发展理念和新发展格局为"十四五"以及面向2035年的中国经济社会发展提供了提纲挈领的总思路和总指引。毫无疑问，上海自贸试验区及临港新片区要全面对接服务新发展阶段、新发展理念和新发展格局的总要求。

上海自贸试验区对接服务的国家重大战略在新时代也有了新要求。"一带一路"建设已经从2013年的"大写意"阶段进入了新时期的"工笔画"阶段。2019年4月，第二届"一带一路"国际合作高峰论坛在北京举行。习近平主席在论坛开幕式发言中指出，自2013年启动以来，"一带一路"建设在各方共同努力下，"六廊六路多国多港"的互联互通架构基本形成，一大批合作项目落地生根，首届高峰论坛的各项成果顺利落实，150多个国家和国际组织同中国签署共建"一带一路"合作协议；共建"一带一路"倡议同联合国、东盟、非盟、欧盟、欧亚经济联盟等国际和地区组织的发展和合作规划对接，同各国发展战略对接；从亚欧大陆到非洲、美洲、大洋洲，共建"一带一路"为世界经济增长开辟了新空间，为国际贸易和投资搭建了新平台，为完善全球经济治理拓展了新实践，为增进各国民生福祉作出了新贡献，成为共同的机遇之路、繁荣之路。而从2019年开始，"一带一路"建设从"大写意"进入"工笔画"的新阶段，要聚焦重点、深耕细作，共同绘制精谨细腻的"工笔画"，推动共建"一带一路"沿着高质量发展方向不断前进。2017年3月国务院发布的《全面深化中国（上海）自由贸易试验区改革开放方案》提出上海自贸试验区要"创新合作发展模式，成为服务国家'一带一路'建设、推动市场主体走出去的桥头堡"。对接服务进入"工笔画"阶段的"一带一路"建设，必然会对上海自贸试验区和临港新片区的"桥头堡"建设发展提出新要求，提供新动力。

2017年3月发布的《全面深化中国（上海）自由贸易试验区改革开放方案》还没有提出服务长三角一体化战略，只是提出"主动服务'一带一路'建设和长江经济带发展"。2018年11月5日，习近平总书记在首届中国国际进口博览会上宣布，支持长江三角洲区域一体化发展并上升为国家战略。2019年8月发布的《中国（上海）自由贸易试验区临港新片区总体方案》开始提出"加强与长三角协同创新发展"，"带动长三角新一轮改革开放"。2019年5月13日，中共中央政治局会议通过了《长江三角洲区域一体化发展规划纲要》（以下简称《纲要》）。2019年12月，《纲要》由中共中央、国务院印发实施。毫无疑问，上海自贸试验区及临港新片区的进一步发展和创新，要抓紧对接服务长三角一体化这一国家战略，并出台和实施系列举措。

2018年11月，中央经济工作会议提出要推动由商品和要素流动型开放向规则等制度型开放转变，这是在中央文件中首次出现"制度型开放"。2019年3月的全国"两会"上，李克强总理在政府工作报告中指出，要继续推动商品和要素流动型开放，更加注重规则等制度型开放。2019年4月，习近平总书记在第二届"一带一路"国际合作高峰论坛开幕式的发言中指出，要"加强制度性、结构性安排，促进更高水平对外开放"。这标志着中国的对外开放进入了制度型开放新阶段。

推动由商品和要素流动型开放向规则等制度型开放转变，主要包含三方面的新要求：一是加快国内的制度、规则与国际通行规则或先进标准接轨；二是加强对外开放政策的贯彻落实，切实履行同各国达成的多边和双边经贸协议；三是在参与制定和完善国际经贸规则和全球经济治理的过程中发挥更加积极的作用，提供更多的制度型公共产品。作为制度创新的"苗圃"、制度型开放的"压力测试场"，上海自贸试验区形成了以外资准入负面清单为代表的一批可复制可推广的制度创新成果，为全国的制度型开放打下了扎实的基础。作为"先行者中的先行者，排头兵中的排头兵"，上海自贸试验区及临港新片区有责任继续深化制度创新的差别化探索，加大改革开放压力测试，为中国的制度型开放、更好地参与全球治理体系改革做出更大的贡献。

对接服务上述新的国家重大战略，以及对接服务国家重大战略的新要求，都会为上海自贸试验区及临港新片区的可持续创新和发展提供持久动力。

4. 坚持需求导向和问题导向

前文已经归纳了上海自贸试验区存在的一些不足和短板。全国有些自贸试验区还存在总体方案和实施方案为制度创新而制度创新的问题，制度创新缺乏适用的市场场景，缺乏应用的市场主体。自贸试验区的制度创新要解决实际问题，要满足市场主体的现实需求。

对标国际最高水平的规则、标准和绩效标杆，对接服务国家重大战略，上海自贸试验区及临港新片区肯定还会面临新的挑战、问题和短板。不断应对挑战、解决问题、弥补短板，将为上海自贸试验区及临港新片区的创新发展提供前进方向和持续动力。

"改革举措千万条，企业感受第一条。"自贸试验区的制度创新不能"自娱自乐"、流于形式，必须以市场主体的真正需求为出发点和落脚点[①]。国务院发展研究中心、上海市政府发展研究中心、

---

① 蔡振伟. 自贸试验区制度创新要做到"四个瞄准"[N]. 中国贸易报，2019-12-23.

复旦大学上海自贸区综合研究院等单位完成的上海自贸试验区三年运行评估报告,都不约而同提到了企业获得感不足的问题,企业迫切关心的一些重点问题未能有效突破[①]。吸引各类主体持续参与自贸试验区建设的持久动力,应该是来自各项改革、开放和创新举措带来的持久不息的效率的提升,成本的下降,业务、资源和市场的拓展,产业和功能的集聚和升级,效益的提高。也就是除了要有"掘进机"和"破冰船"的"面子",还要有获得感的"里子"。

随着改革开放的深化,整体营商环境的完善,自贸试验区的市场、市场主体及其需求都在发生与时俱进的变化。自贸试验区内的市场已经从原先的产品市场,发展成为要素市场、产品市场和服务市场,市场的一体化、国际化的需求也不断提高。自贸试验区内的市场主体,从原先的国有企业为主,发展成外资企业、民营企业、国有企业等多种所有制企业并存,从原先的生产型企业为主,发展成生产型企业、服务型企业、研发型企业、全产业链企业等各类企业并存。企业的需求也在变化:从最初的市场准入,到准入及准营;从企业"引进来"的需求,到企业"引进来"和"走出去"双向流动的需求;从企业生产环节的需求,到企业向研发、营销等"微笑曲线"两端延伸的需求,以及企业向价值链的中高端发展的需求;从贸易投资便利化的需求,到贸易投资自由化的需求;从降低成本、税收优惠等需求,到整体营商环境改善的需求;从监管流程优化的需求,到系统集成制度创新的需求;从碎片化、补短板的需求,到全产业链、全生命周期系统完善的需求。

正如习近平总书记在浦东开发开放 30 周年庆祝大会重要讲话中提出的,要探索开展综合性改革试点,统筹推进重要领域和关键

---

① 上海市人民政府发展研究中心课题组. 关于中国(上海)自由贸易试验区深化改革的评估报告[J]. 科学发展, 2015 (12): 49-55. 沈玉良. 上海自贸试验区运行三周年评估研究[J]. 科学发展, 2017 (2): 50-62. 盛斌. 中国自由贸易试验区的评估与展望[J]. 国际贸易, 2017 (6): 7-13.

环节改革，从事物发展的全过程、产业发展的全链条、企业发展的全生命周期出发来谋划设计改革，加强重大制度创新充分联动和衔接配套。也只有这样，才能使自贸试验区避免陷入改革创新"浅层次同质化"陷阱，加快进行"深层次体制性"创新。

而这些都是上海自贸试验区及临港新片区创新发展的持久动力来源。

# 第7章
# 上海自贸试验区对接"工笔画"的"一带一路"建设

## 7.1 进入"工笔画"阶段的"一带一路"建设的新要求

2018年8月,习近平总书记在出席推进"一带一路"建设工作5周年座谈会的讲话中指出,经过夯基垒台、立柱架梁的5年,共建"一带一路"正在向落地生根、持久发展的阶段迈进。百尺竿头、更进一步,在保持健康良性发展势头的基础上,推动共建"一带一路"向高质量发展转变,这是下一阶段推进共建"一带一路"工作的基本要求。过去几年共建"一带一路"完成了总体布局,绘就了一幅"大写意",今后要聚焦重点、精雕细琢,共同绘制好精谨细腻的"工笔画"。习近平总书记在2019年4月举办的第二届"一带一路"国际合作高峰论坛开幕式讲话中进一步提出,"面向未来,我们要聚焦重点、深耕细作,共同绘制精谨细腻的'工笔画',推动共建'一带一路'沿着高质量发展方向不断前进"。

"一带一路"建设已经从"大写意"阶段进入到"工笔画"阶段。

进入"工笔画"阶段的"一带一路"建设，将继续秉持共建共商共享原则，将继续坚持开放、绿色、廉洁理念，继续努力实现高标准、惠民生、可持续目标。进入"工笔画"阶段的"一带一路"建设，将继续推进互联互通：中国将与"一带一路"沿线国家和地区一道，建设高质量、可持续、抗风险、价格合理、包容可及的基础设施；中国将与"一带一路"沿线国家和地区一道，继续推进资金融通，同时欢迎多边和各国金融机构参与共建"一带一路"投融资，鼓励开展第三方市场合作；中国将与"一带一路"沿线国家和地区一道，促进贸易和投资自由化便利化，促进商品、资金、技术、人员流通，推动经济全球化朝着更加开放、包容、普惠、平衡、共赢的方向发展；中国将与"一带一路"沿线国家和地区一道，推进"一带一路"创新合作，共同把握数字化、网络化、智能化发展机遇，共同探索新技术、新业态、新模式，探寻新的增长动能和发展路径，建设数字丝绸之路、创新丝绸之路；中国将与"一带一路"沿线国家和地区一道，致力于加强国际发展合作，为发展中国家营造更多发展机遇和空间，帮助他们摆脱贫困，实现可持续发展；中国将与"一带一路"沿线国家和地区一道，深入开展教育、科学、文化、体育、旅游、卫生、考古等各领域人文合作，加强议会、政党、民间组织往来，密切妇女、青年、残疾人等群体交流，形成多元互动的人文交流格局，架设不同文明互学互鉴的桥梁。

## 7.2 上海自贸试验区对接服务"一带一路"建设的阶段性成果和不足

1. 上海自贸试验区对接服务"一带一路"建设的阶段性成果

7年多来,上海自贸试验区围绕"五通",对接服务"一带一路"建设,取得了一系列阶段性成果。

第一是政策沟通。上海自贸试验区先行先试外商投资准入负面清单管理模式,有利于推动中国以负面清单模式与"一带一路"沿线国家和地区进行多边或双边 FTA 谈判,与"一带一路"沿线国家和地区就构建高水平 FTA 网络进行有效的政策沟通。2015 年 6 月,中国与韩国签署自由贸易协定,同时约定正式启用负面清单模式继续开展服务贸易谈判;采取负面清单方式开展的中韩 FTA 服务投资第二阶段谈判已于 2019 年开始。2015 年 6 月,中国与澳大利亚签署自由贸易协定,澳大利亚成为首个对中国以负面清单方式作出服务贸易承诺的国家,中国也承诺将按照准入前国民待遇加负面清单的模式与澳方进行升级版谈判。2019 年 11 月,RCEP 完成谈判,中国承诺将落实在投资准入领域的负面清单,同时服务贸易领域将在 6 年后转为负面清单管理模式。总部位于上海自贸试验区的亚太示范电子口岸网络运营中心(APMEN Operation Center)致力于亚太地区跨境贸易便利化工作,截至 2018 年末,亚太经合组织已有 11 个经济体的 19 个口岸加入了亚太示范电子口岸网络,海运物流可视化、空运物流可视化、电子原产地证数据交换等项目取得明显进展。截至 2018 年 6 月,上海已签署《经贸合作伙伴关系备忘录》23 个,覆盖亚洲、欧洲、大洋洲、南美洲的 18 个国家和地区。上海市外国投资促进中心先后与利物浦、蒙特利尔、迪拜等投资促进机构和日中经济贸易中心、印度世界贸易中心等机构共签署了29个合作备忘录，上海市商务委员会经贸合作伙伴网络目前已基本覆盖了"一带一路"主要国家和全球主要节点城市[①]。

第二是设施联通。世界各大班轮公司开设了从上海港到206个国家和地区的600多个航班，上海港已同"一带一路"沿线国家（地区）100多个主要港口建立了密切联系。全球已有107家航空公司开通了到上海两大机场的航班，航班网络遍布全球282个城市，其中上海与"一带一路"沿线24个国家（地区）实现了直航，通航点达到47个。上海上港集团还投资了以色列的海法新港，获得从2021年开始海法新港25年的经营权。中远海运集团投资了海外12个港口，大部分都位于"一带一路"沿线的重要节点。上海航运交易所发布了我国首个"一带一路"航贸指数，为衡量"一带一路"国家（地区）贸易畅通、交通运输等方面的成效提供了量化标准。

第三是投资贸易畅通。2015—2017年，上海在"一带一路"沿线国家（地区）投资项目246个，实际投资额达54.9亿美元，年均增长近1.6倍；承接重大工程3 019个，累计合同额达217亿美元，年均增长9.4%；与"一带一路"沿线国家（地区）贸易额突破5 000亿元，占全市比重超过20%。企业"走出去"的步伐在加快，一批重点项目在"一带一路"沿线国家（地区）落地生根，对外投资方式逐渐从传统的对外劳务输出、工程承包，向提升产业链、价值链水平转变。截至2021年2月，上海自贸试验区国别（地区）中心已经入驻14个国家和地区（绝大部分都在"一带一路"沿线），入驻会员企业675家，展示产品19 560件。

第四是资金融通。上海自贸试验区因其自由贸易账户体系为基

---

[①] 上海："一带一路""桥头堡"作用日显［N］. 解放日报，2018-7-25.

础的跨境金融服务制度，成为中国加快与"一带一路"沿线国家（地区）金融市场双向开放和互联互通、为"一带一路"建设提供金融支持和金融服务的主战场。

上海自贸试验区大力支持境外机构和企业在上海金融市场发行债券。自俄罗斯铝业联合公司在上海证券交易所发行首单"一带一路"沿线企业"熊猫债"以来，"熊猫债"的发行主体已扩展至国际性金融组织、外国中央政府、外国地方政府、境外非金融企业。发行市场主要是位于上海自贸试验区内的上海证券交易所和银行间债券市场，累计发行已达数千亿元。

上海保险业通过拓展出口信用保险、海外投资保险、货物运输保险、工程建设保险等业务，为企业海外投资、产品技术输出、承接"一带一路"重大工程提供综合保险服务。截至2017年5月，以上海自贸试验区为平台，上海保险业通过出口信用保险，以总额为14.54亿美元的风险保障，落实了上海电建、上海电气等企业在"一带一路"沿线一批总投资69.2亿美元的重大投资项目[①]。

金融机构集聚效应明显。近年来，金砖国家新开发银行、全球清算对手方协会、中国保险投资公司、国家开发银行上海总部等一批与"一带一路"建设有关的国际型、总部型、功能性的金融机构和组织，相继在上海自贸试验区成立。"一带一路"沿线国家（地区）外资银行也积极来沪设立分支机构。截至2017年8月底，上海共有来自15个"一带一路"国家（地区）的5家法人银行、13家外资银行分行和11个代表处，在沪"一带一路"国家（地区）银行的总资产规模约2 122亿元人民币，占上海辖内外资银行的14%，同比增长近49%。这些金融机构大部分都位于上海自贸试验

---

① 余新江. 上海：筑牢纽带基石　服务"一带一路"建设［N］. 中国产经新闻报，2017－5－22.

区内①。2017年,位于上海自贸试验区的金融期货交易所和上海证券交易所受让了巴基斯坦证券交易所的30%股权。

第五是创新合作。上海建设具有国际影响力的科创中心取得了一系列重大进展,科创中心策源能力不断提升,为积极参与"一带一路"创新合作打下了雄厚的基础。2017年10月,上海发布了《上海服务国家"一带一路"建设发挥桥头堡作用行动方案》,其中就包括"科技创新合作专项行动",具体包括建设"一带一路"技术转移中心,加强与沿线国家(地区)科技园区合作,与沿线国家(地区)共建联合实验室或联合研究中心,推进大科学设施向沿线国家(地区)开放,与沿线国家(地区)深化海洋科学研究与技术合作,与沿线国家(地区)深化科技交流,与沿线国家(地区)共建跨国孵化器等任务。上海自贸试验区依托张江国家科学中心,在完成这些任务的过程中发挥了重要作用。

2. 值得进一步提升完善的地方

虽然上海自贸试验区对接服务"一带一路"建设已经取得了不少重要的阶段性成果,但仍然有不少需要完善的地方。

第一是定位需要进一步提高。目前上海自贸试验区服务"一带一路"建设,比较多的是依托已有的基础,从现有的优势和特色出发,尚未从更高的"立足全国、面向全球、面向未来"的大视角出发。上海自贸试验区及临港新片区服务"一带一路"建设,需要进一步认识到"一带一路"建设是我国今后相当长一个时期对外开放和对外合作的管总规划,对于推进构建全面开放新格局具有重大意义;需要更多地思考"国家需要上海自贸试验区为'一带一路'建设做什么",而不仅仅是"上海自贸试验区能为'一带一路'建设做什么";需要进一步从推进构建全面开放新格局,推进"五个

---

① 数据源自上海市政府新闻办2017年10月11日举行市政府新闻发布会,市政府副秘书长、市发展改革委主任介绍的上海近年来服务国家"一带一路"建设的总体情况。

重要"的视角来审视上海自贸试验区及临港新片区服务"一带一路"建设的定位①。

第二是需要更多前瞻性思考。上海市于2017年10月出台了《上海服务国家"一带一路"建设发挥桥头堡作用行动方案》。此后国际形势发展错综复杂,全球化与逆全球化、扩大开放与保护主义交织混杂。中国对外开放的大门不会关上,只会越开越大,中国会继续扩大自主开放,但是开放的步骤、速度、重点领域需要应对国际形势错综复杂的变化。"一带一路"建设也从"大写意"阶段进入"工笔画"阶段。上海自贸试验区及临港新片区服务"一带一路"建设还需要对国际经贸形势作深入的前瞻性研究,需要对国家的对外开放战略作前瞻性动态研究,不仅需要与时俱进,还需要未雨绸缪。

第三是需要进一步聚焦重点领域。从目前情况来看,上海自贸试验区服务"一带一路"建设还是有"小而全"的现象,因为"小而全",所以比较散、比较浅。上海自贸试验区及临港新片区服务"一带一路"建设,还是要坚持"有所为有所不为",聚焦最能发挥上海自贸试验区优势的领域,聚焦问题导向、需求导向,聚焦服务"一带一路"建设的痛点和难点问题,集中力量在重点领域进行突破。

第四是需要加强系统集成。从《上海服务国家"一带一路"建设发挥桥头堡作用行动方案》及其落实的情况来看,但凡一个部门能解决的,提出的行动方案都比较细、比较实,落实的效果也比较好,而需要不同的部门相互配合的,提出的行动方案都比较粗、

---

① 2019年11月,习近平总书记在上海考察时,对临港新片区提出了"五个重要"的指示要求:"上海自贸试验区临港新片区要进行更深层次、更宽领域、更大力度的全方位高水平开放,努力成为集聚海内外人才开展国际创新协同的重要基地、统筹发展在岸业务和离岸业务的重要枢纽、企业走出去发展壮大的重要跳板、更好利用两个市场两种资源的重要通道、参与国际经济治理的重要试验田,有针对性地进行体制机制创新,强化制度建设,提高经济质量。"

比较虚，落实的效果大多低于预期。要有效服务"一带一路"建设，解决痛点和难点，系统集成是基本要求。这就需要坚持目标导向、任务导向、绩效导向，在体制机制、部门设置、功能职责、流程环节、监督检查等各个方面作优化设计，落实系统集成的要求。

第五是需要打造一批代表性的成果。七年多来，上海自贸试验区服务"一带一路"建设取得了不少进展，但是放在全国来看，还缺乏重大的、代表性的成果。目前全国有影响力的服务"一带一路"倡议的成果有河南、四川、重庆、陕西等自贸试验区的中欧班列，招商局集团的全球港口网络，江苏的中哈（连云港）物流合作基地和上合组织（连云港）国际物流园等。从中央到地方，对上海自贸试验区及临港新片区在服务"一带一路"建设方面自然也会有更高的期待。因此，上海自贸试验区及临港新片区需要在进一步聚焦和系统集成的基础上，产生一些代表性的成果，比如重大的制度性公共产品，重要的国际化要素配置主体，重要的国际化要素配置平台，设施网络连接的重大项目等。

## 7.3 上海自贸试验区对接"工笔画"的"一带一路"建设的主要着力点

对接服务进入"工笔画"阶段的"一带一路"建设，上海自贸试验区及临港新片区要着力打造"一带一路"资源配置中心、"一带一路"综合网络枢纽、"一带一路"经贸规则辐射源、"一带一路"专业服务中心和"一带一路"创新链枢纽。

1. 打造"一带一路"资源配置中心

（1）聚焦核心要素。

2018年6月，中国共产党上海第十一届委员会第四次全体会议审议并通过《中共上海市委关于面向全球面向未来提升上海城市能级和核心竞争力的意见》，对推进五个中心建设提出了具体要求：国际经济中心建设应当提高投入和产出的效率，持续推动经济规模和效益提升；国际金融中心建设要增强全球金融资本的资源配置能力，提高国际化程度；国际贸易中心建设要全方位提高统筹利用全球市场的能力，大力发展高能级的总部经济；国际航运中心建设要更加注重提升高端航运服务功能；国际科技创新中心建设要增强创新策源能力，努力成为全球学术新思想、科学新发现、技术新发明、产业新方向的重要策源地。上海推进五个中心建设联动，将有利于实现从"低级要素红利"向"高级要素红利"的转型升级，提高上海在全球价值链中的核心竞争力，提升上海在"一带一路"产业链、价值链和创新链中的引领地位和落差优势。

进入"工笔画"阶段的"一带一路"建设，要继续深化五通，同时推进国际创新合作。上海自贸试验区及临港新片区应结合"一带一路"建设的新要求，结合上海建设卓越的全球城市的竞争力，与上海"五个中心"建设联动，打造"一带一路"资源配置中心，聚焦资本、战略性大宗商品、技术、数据和信息等这些最核心的要素。

需要注意的是，这里讲的是资源的配置而非资源的集聚。提高全球资源配置能力，建设"一带一路"资源配置中心，不一定需要将资源集聚在上海自贸试验区。如果从集装箱吞吐量来讲，2018年伦敦仅列世界集装箱港口100强的第75位。但伦敦仍然是毫无争议的全球航运要素配置中心，原因是伦敦集聚了全球20%的船级管理机构、50%的油轮租船业务、40%的散货船业务、18%的船舶融资规模、20%的航运保险总额以及1 750多家从事航运事务的办事处，其中仅处理海事问题就带来300亿英镑的年收入[①]。所以，

---

① 蒋万进. 打造"一带一路"国际合作新平台［J］. 中国金融, 2019 (16): 9-12.

上海自贸试验区及临港新片区建设"一带一路"资源配置中心,重要的是提升资源配置的能力,吸引全球资源配置功能性机构的集聚,建立全球性资源配置平台,并且实现与"一带一路"资源配置平台的互联互通。

(2)吸引全球要素配置功能性机构集聚。

上海自贸试验区及临港新片区要大力吸引以下的全球要素配置功能性机构集聚。

① 跨国公司总部。截至2018年3月末,上海累计引进跨国公司地区总部634家,其中亚太区总部72家,投资性公司350家,研发中心430家①。根据外商投资企业2014年年报数据,95%以上的在沪跨国公司地区总部具有两种以上的功能,82%的地区总部具有投资决策功能、61%的地区总部具有资金管理功能、54%的地区总部具有研发功能、35%的地区总部具有采购销售功能②。上海自贸试验区及临港新片区要抓紧探索"五个自由"和"一个快捷",以更大的投资和贸易自由化吸引更多的全球跨国公司总部入驻,并支持已经入驻的跨国公司总部拓展更多的总部经济功能,参与"一带一路"建设。

② 跨国金融机构。截至2018年6月末,上海持牌金融机构超过1 500家,其中外资金融机构占比超过30%。来自29个国家和地区的银行在沪设立了机构,外资银行营业性机构总数已达232家。上海外资银行资产占上海银行业总资产的比重为10.2%,远高于在华外资银行资产占全国银行业资产不到2%的占比。上海也是外资资产管理机构在华的集聚地,近40家国际知名的资产管理机构落户上海,参与合格境内有限合伙人QDLP的试点,全球规模排名前10位的国际知名资产管理机构,已有9家落户上海③。这些跨国金

---

① 上海已有跨国公司地区总部634家[N]. 解放日报, 2018-4-29.
② 上海再认定一批跨国公司总部[N/OL]. 中国新闻网, 2015-9-16.
③ 数据源自上海市金融办主任在2018年7月28日在上海举办的"2018中国资产管理年会"上的发言。

融机构绝大多数都落户在上海自贸试验区。

上海自贸试验区及临港新片区需要进一步引进跨国金融机构。第一类是商业型跨国金融机构，如跨国金融控股集团，全球性银行、证券公司、资产管理公司、基金公司、保险公司、信托公司等。第二类是主权财富基金。目前，全球已有近50个国家或地区设立了主权财富基金，资产规模已超过7万亿美元，主要的主权财富基金包括阿联酋阿布扎比投资局、新加坡淡马锡、挪威政府养老金基金、中国中投公司等。第三类是多边开发性金融机构，包括世界银行、欧洲复兴银行、亚洲开发银行、非洲开发银行、泛美开发银行、亚洲基础设施投资银行、金砖国家新开发银行等。其中，金砖国家新开发银行总部已落户上海自贸试验区。第四类是"一带一路"专设跨国金融机构或金融合作机构，如中国-阿拉伯国家银行联合体、中国-东盟银行联合体、上合组织银行联合体、丝路基金、中国-中东欧投资合作基金、欧亚经济合作基金等。第五类是国内深入介入"一带一路""走出去"的跨国金融机构，如中国进出口银行，国家开发银行，中、农、工、建四大国有银行，中国出口信用保险公司，中国保险投资基金公司等。

③ 全球性生产服务公司。服务业分为消费服务业、生产服务业和分配服务业。1991年美国经济学者萨森提出，随着全球化的深化，全球城市越来越成为全球性生产控制中心，靠控制生产者服务功能在全球配置生产过程；高级生产服务（advanced producer services）日益集中在少数几个关键城市，纽约、伦敦和东京合计提供全球60%～70%的金融和其他专业的生产服务，剩下的生产服务主要集中于巴黎、阿姆斯特丹、米兰、新加坡、中国香港等20余个国际中心①。

---

① S. Sassen. The Global City: New York, London, Tokyo [M]. Princeton Univesity Press, 1991.

全球城市生产服务功能的集聚是靠全球性生产服务公司的集聚来实现的。前文提到的跨国金融机构也是最重要的全球性生产服务公司。其他的生产服务公司主要集中在价值链前端的研发、设计、创意、咨询等服务，价值链中端的工程技术服务、设备租赁服务等，价值链后端的检测、品牌、营销、广告、会展、物流等服务，以及法律、审计、会计、知识产权、培训服务等。

上海自贸试验区及临港新片区一方面要引进国际知名的生产服务企业，另一方面也要培育和支持国内生产服务企业的成长，占据价值链的中高端。

④ 全球研发机构。全球性研发机构是知识和技术等核心资源的主要供给方和控制方。知识和技术的最初生产可能不是在经济中心，比如在大学或研究机构的实验室；但随着全球化的推进，科研成果转化、集成和营销中心最终逐步集聚到世界主要的资源配置中心。

上海自贸试验区及临港新片区吸引全球研发机构，首先要支持区内已经入驻的跨国公司研发总部的发展，支持现有的跨国公司总部拓展其研发功能，以及吸引新的跨国公司研发总部入驻。上海自贸试验区及临港新片区吸引全球研发机构，可以依托更大胆的投资贸易自由化措施，在区内设立依托于重要实验设备和设施的保税开放实验室，吸引跨国公司、世界一流大学、研究所和实验室的科研技术人员进行保税研发；可以以一流的营商环境，吸引跨国公司、世界一流大学、研究所和实验室在区内设立科研成果发布、转化、集成和营销中心；可以以投资贸易的自由化，吸引世界一流大学、研究所和实验室与各类市场主体自然合作、合资，实现产业化发展。

⑤ 国际组织。在一定程度上，全球资源配置的程序、结果、争端解决等需要依靠国际组织制定的制度性公共产品来赋予合理性和合法性。虽然一些国际组织的所在地并非全球资源配置中心，但

纽约、伦敦、东京等全球资源配置中心都吸引或争取了众多国际组织落户。用纽约前市长朱利安尼的话说,"正是因为联合国总部的存在,纽约才当之无愧地被誉为'世界之都'"。

中国在全球治理中的地位和作用正在迅速上升,中国正更加积极地参与全球治理,同时还引领区域性的新型治理框架,比如设立金砖国家组织、上海合作组织等新型国际组织。上海自贸试验区建设"一带一路"资源配置中心,可以吸引已有的国际组织在区内设立代表处或地区总部,同时创造条件吸引中国引领的新型国际组织在区内设立总部或常设秘书处,为制度性公共产品供给提供便利。

(3)建设"一带一路"资源配置平台。

上海自贸试验区及临港新片区建设"一带一路"资源配置中心,需要结合自身优势,建设"一带一路"资源配置平台,进一步提升人民币国际债券市场和战略性大宗商品人民币国际期货市场的影响力,打造航运要素配置平台。

① 进一步提升"一带一路"人民币国际债券市场影响力。上海自贸试验区及临港新片区可在国家相关部门支持下,在以下几个方面加以突破,进一步提升"一带一路"人民币国际债券市场的影响力。

一是在 2018 年 3 月上海证券交易所发布的《关于开展"一带一路"债券试点的通知》的基础上,进一步放宽"一带一路"债券发行主体、发行额度和资金用途等的限制。

二是对标伦敦、中国香港、新加坡等成熟国际债券市场,进一步完善"一带一路"人民币国际债券市场的制度环境。应进一步推动信用评级市场的对外开放,放宽境外评级机构在人民币国际债券市场的执业许可,同时加快建立包括金砖国家评级机构在内的新型国际化信用评级机构;放宽对国际机构投资者资本金和收益汇出的限制;对标国际惯例,完善相关的税收规则;完善国际化的法律、公司治理、发行注册制、会计准则、信息披露、三反(反洗钱、反恐怖融资与反逃税）、金融安全、投资者保护等规则，加快实现中国规则和国际规则的融合。

三是对标伦敦、中国香港、新加坡等成熟国际债券市场，进一步提高"一带一路"人民币国际债券市场的投资便利化乃至自由化水平。应尽快允许投资于中国银行间债券市场的境外非央行机构投资者参与境内外汇率和利率衍生品市场，以对冲利率和汇率风险；适当延长银行间债券市场的交易时间，适当延长境外投资者交易结算周期；二级市场要进一步加大交易产品的创新，提供更为丰富的金融投资和风险对冲产品；进一步完善金融基础设施建设，进一步提高支付、清算和结算体系的便利化乃至自由化水平。

② 进一步提升"一带一路"战略性大宗商品人民币国际期货市场的影响力。上海在人民币大宗商品市场方面也有比较好的基础。上海期交所的人民币铜期货交易量已经稳居全球第二，上海已经成为全球铜价的定价中心之一；"上海金"业务运行情况良好，市场参与度不断提高；2018年3月26日，人民币原油期货在上海期货交易所子公司上海国际能源交易中心上市交易，目前上海人民币原油期货合约已经稳居全球交易量第三位。

上海自贸试验区及临港新片区需进一步提升"上海铜""上海金"和"上海油"这三个大宗商品期货市场的开放度，吸引更多国际机构投资者参与。应进一步提高市场的投资便利化乃至自由化水平，在自由贸易账户体系下增加投资者外汇进出的自由度，在发票开具、货款收付、升贴水结算等保税交割业务方面增加与国际惯例的衔接，适当延长境外投资者交易结算周期；二级市场要进一步加大交易产品的创新，提供更为丰富的金融投资和风险对冲产品；进一步完善金融基础设施建设，进一步提高支付、清算和结算体系的国际化水平。

上海自贸试验区及临港新片区需完善"一带一路"战略性大宗商品人民币国际期货市场相应的配套环境。要建设"一带一路"沿线高效的仓储、物流、铁路、港口、信息和数据等网络,提高货物多式立体运输和物流的效率和能力,降低运输和物流成本;需要实现可交割,可根据沿线国家和地区的资源特征,通过引入境外注册品牌等方式,拓展优质的可交割资源,根据"一带一路"沿线国家和地区生产和消费的特征,探索在沿线设置更多的保税交割仓库,完善"智能交割"体系,便利实物交割,并且以交割库为基础发展大宗商品的交割、清算、融资和保险等配套服务;"一带一路"横跨亚非欧多个时区,上海期货交易所可研究适当延长交易时间(比如开设夜盘),并根据国际投资者的特征,打造更加开放、包容的平台。

③ 打造"一带一路"航运要素配置平台。国际航运要素市场主要包括船舶融资市场、航运保险市场和航运金融衍生品交易市场。上海自贸试验区及临港新片区要与上海建设国际航运中心联动,全力打造"一带一路"航运要素配置平台。

在船舶融资市场方面,上海自贸试验区及临港新片区可以进一步利用政策优势,打造"一带一路"船舶融资中心。可以吸引国内外银行、融资租赁公司、自保公司、信托公司、相关产业基金等金融机构入驻;可以进一步放松市场准入,鼓励业务创新,支持融资租赁、资产证券化等新型融资方式的发展,构建包括信贷、融资租赁、资本市场"三足鼎立"的多元化的国际船舶融资市场体系;可以在海关异地监管、出口退税、外债管理、风险管理等方面采取更加优惠的政策,鼓励相关企业和机构开展跨境,尤其是"一带一路"跨境船舶融资业务创新,鼓励区内的海事金融机构"走出去",拓展海外市场,为"一带一路"提供跨境船舶融资服务。

在航运保险方面,上海自贸试验区及临港新片区可在以下几个方面支持国际化的上海航运保险市场的发展。一是利用政策优势,吸引更多的国内外航运保险机构、保险中介机构和中介服务机构入驻。二是提高保险资金和保险业务的自由度和便利化水平,大力发展离岸航运保险业务。三是鼓励航运保险企业向产业链两端延伸,大力发展航运责任险、码头责任险、船舶险、海上能源保险、电子商务保险、海事诉讼保全责任保险等新领域业务和产品,覆盖航运全产业链风险。四是大力推进上海保险交易所的国际化进程,吸引更多的国际机构,特别是"一带一路"的机构参与上海保险交易所,大力发展再保险业务和再保险市场。五是深入研究国际离岸保险中心税收制度,探索建立具有国际竞争力的离岸保险税制环境,争取涵盖航运保险、再保险、保险经纪的各个领域,从而为航运保险市场主体拓展跨境与离岸业务、更好参与国际市场竞争提供更为公平一致的税收环境。六是建设"一带一路"国际海事司法中心,不断推动航运保险市场主体与海事司法部门的沟通互动,在航运保险领域不断完善规则体系,在不断优化上海航运保险市场的司法环境的同时,将上海自贸试验区及临港新片区逐步建设成为国际航运保险业界认可的、具有高度公信力和影响力的司法仲裁中心。

上海自贸试验区及临港新片区应支持上海航运交易所进一步规范发展,完善运价指数编制方法,构建和完善"有效海运提单备案信息管理系统",高起点、严要求搭建人民币国际航运衍生产品市场的架构和规则,推进运价衍生产品的设计和交易,打造"一带一路"航运金融衍生品交易市场。

(4)推进资源配置平台的互联互通。

在资本项目开放短期内实现不了的情况下,推进国内资源配置平台与国际资源配置平台的互联互通,可以成为建设"一带一路"国际资源配置中心的重要途径。上海自贸试验区及临港新片区可利用投资贸易自由化便利化的政策优势,进一步推进资源配置平台的互联互通,建立相关各方共担风险、共享收益的机制,打造"一带一路"资源配置共同体。

在深化"沪港通"和"沪伦通"的基础上,可进一步探讨上海证券交易所与新加坡交易所、阿布扎比证券交易所、特拉维夫证券交易所等互联互通的可行性。

在总结内地与香港债券市场"债券通"的基础上，可进一步探索上海银行间债券市场和上海证券交易所与新加坡、以色列、马来西亚、俄罗斯、迪拜、中东欧等金融市场较成熟的"一带一路"国家和地区在债券市场基础设施方面的互联互通。应简化准入程序，放松交易限制，以实现机构投资者在互联互通债券市场的双向投资，拓宽"一带一路"建设相关债券的机构投资者参与面，加深"一带一路"建设相关债券的机构投资者参与度。

可继续推进上海证券交易所、中国金融期货交易所参股"一带一路"沿线国家和地区的重要金融交易所，在条件许可的情况下复制推广上交所、中金所的制度和规则，输出管理和人力资本，完善这些金融交易所的治理结构，促进其与上交所和中金所的深度合作，联合开展产品创新，共同为"一带一路"建设就近提供直接融资支持。可以实质性推进中欧国际交易所的建设，除了继续打造在欧洲的离岸人民币证券交易与定价中心以外，更重要的是要将其打造成为"一带一路"（特别是中东欧国家）的企业，以及中国投身"一带一路"建设的企业，就近进行直接融资的资源配置平台。

可大力推进上海期货交易所、上海黄金交易所、上海国际能源交易中心等大宗商品交易平台加强与"一带一路"沿线大宗商品交易平台的互联互通，可以互挂产品，可以联合设计产品，也可以在保税交割方面进行协同管理。

2. 打造"一带一路"综合网络枢纽

上海自贸试验区及临港新片区要更好地服务"一带一路"建设，需要进一步升级有形和无形的网络，建设成为"一带一路"综合网络枢纽。

（1）继续推进上海港国际航运枢纽建设。

上海自贸试验区及临港新片区要进一步加强基础设施建设。要加快完成洋山四期工程后续工作，推进外高桥港区八期工程建设，打造长江口深水航道 E 航海示范区。继续大力推进信息化建设，建设跨境贸易管理大数据平台和长江集装箱江海联运综合服务信息平台，完善集卡预约平台功能，全面推行港口业务网上受理，推进集装箱设备交接单、提货单电子化。进一步提高与"一带一路"国家和地区航线的宽度和厚度，继续鼓励上港集团、中远海运集团与"一带一路"沿线港口开展各种形式的合资和合作。复制推广浙江自贸试验区舟山片区的保税燃油加注政策，完善保税维修和再制造业务，进一步提升国际海事服务中心的能级。

上海自贸试验区及临港新片区要打通梗阻，促进国际中转集拼业务常态化。要不断优化海关监管程序，完善有利于国际中转集拼的便利化制度环境和操作环境。放宽国际中转货物必须在上海自贸试验区内操作的限制，在风险可控的前提下允许在区外海关监管仓库，尤其是港区内仓库进行操作，全程采用监管车运输。扩大"启运港"退税试点范围，使之延伸至长江流域和全国各港口，提升上海港服务长三角、长江流域乃至全国货源的能力。进一步增加洋山与外高桥两港区之间"水上穿梭巴士"的密度并加大政策支持力度，实现两港区之间的互联、互通、无缝对接。

上海自贸试验区及临港新片区要打造航运服务产业链，建设高端航运服务及要素市场，提升航运服务全球话语权。要深化航运服务业对外开放，吸引境外（包括"一带一路"沿线）各类航运组织和功能性机构在沪集聚。促进海事法律与仲裁、航运融资与保险、海事教育与研发、航运咨询与信息等服务能级进一步提高，打造一条完整的航运服务产业链。开展与"一带一路"沿线国家和地区在法律服务、海事人才培养领域的合作。加大航运保险业态模式创新，吸引更多具备专业技术特长的新型保险企业以及国际航运保险组织入驻，支持由保险经纪、公估公司、仲裁等机构等组成航运保险中介市场，做强航运保险生态产业链。深化航运保险注册制改革，拓展航运保险指数功能，发布航运保险纯风险损失表。

上海自贸试验区及临港新片区要推进长三角港口群的区域分工与合作。强化长三角区域港航协同发展机制，落实长三角构筑"一港两翼"港口群的国家部署，深入推进实施"组合港"战略。鼓励以港航龙头企业为主体开展区域合作，加快推进小洋山北侧岸线联动开发，切实推进以股份制方式开展大洋山港合作开发，争取早日形成包括小洋山北港区和大洋山南港区的大格局。借助市场力量推动，与江苏、浙江乃至整个长三角的码头和基础设施联动，在"组合港"下各港口间置换、调度资源和货量。发挥长江经济带航运联盟作用，完善工作机制，发挥示范效应。

（2）继续推进上海国际航空枢纽建设。

上海自贸试验区及临港新片区要进一步加强基础设施建设，加快推进浦东机场三期工程、第五跑道工程、虹桥机场T1航站楼等项目建设。

上海自贸试验区及临港新片区要以建设世界级机场群为目标来加强区域航空机场群联动，推动浦东机场国际航空枢纽建设。要加快制定长三角民航协同发展战略规划，为长三角地区民航协同发展和建设世界级机场群提供顶层设计；推动上海浦东国际机场与上海虹桥国际机场、无锡硕放、南通兴东、嘉兴等周边机场统筹协调，在国际和国内、客运和货运、干线和支线、货运专机和客机腹舱、公务机与通用航空分流等方面合理分工定位、差异化经营，满足多样化需求。

上海自贸试验区及临港新片区要促进浦东机场进一步提高国际中转率。可以通过长三角机场群的建设，分流基地航空公司，提高浦东机场主要基地航空公司的市场集中度，优化中枢辐射式航线网络结构。可以进一步推进航空代码共享，在干线航线上更多采用大容量宽体客机和货运包机来执飞航班，增加热门航线、黄金时刻航班市场供应量，提高中转率。如果浦东机场通过提高中转率，将离港平均座位数从现在的不到180个提高到仁川机场的240个,甚至香港机场的280个,同时实现航空货运的"中转集拼",就可以极大地缓解空域紧张,减少飞机起降架次,缓解跑道高峰小时容量。

上海自贸试验区及临港新片区要进一步提高国际航线网络的宽度和厚度。可以通过第五航权的进一步开放,吸引更多国际航空公司,包括"一带一路"沿线国家和地区的航空公司开辟至上海两大机场的航线。要改善与"一带一路"相关国家和地区航点的衔接性、通达性,同时在提高中转率的基础上,提高国际航线网络的厚度。

上海自贸试验区及临港新片区要进一步提升空港运营效率。应加快空港信息大平台的建设,整合不同平台信息,并以机场为主导形成全业务链信息资源共享。加快互联网、物联网、云计算、大数据、虚拟现实以及人工智能等现代信息技术在改善飞行运营管理、空域规划协调、旅客货物运输服务等领域的应用。进一步提升国际客货中转监管的硬件和软件水平,进一步提高中转监管效率。进一步提升仓储、物流、快件、分拨等设施的自动化和信息化水平。

(3) 大力推进数据和信息中心建设。

上海是我国内地最主要的国际通信出入口,承担了我国80%的新闻数据、国际互联网和国际电话的传送任务,通达近200个国家和地区[①]。上海要通过自贸试验区及临港新片区的建设,进一步提升亚太信息通信枢纽的地位。

上海应全力做好亚太直达海底光缆系统(APG)、新中美海底光缆系统(TPE)等重要信息基础设施的维护,全力支持新跨太平洋国际海底光缆(NCP)等重大工程的建设。上海自贸试验区及临港新片区要全力推进5G网络的建设,率先推进5G的全面商用。上海自贸试验区及临港新片区要率先展开物联网、车联网、智慧城

---

① 上海已成亚太通讯枢纽[N]. 上海晨报,2015-6-10.

市等应用测试,进一步探索各类5G应用和业务,打造世界级5G网络应用样板。

上海自贸试验区及临港新片区要助推"一带一路"网络基础设施建设,夯实数字经济互联互通基础。对网络基础条件较差的国家和地区,上海自贸试验区及临港新片区要支持中国电信、中国联通、中国移动、华为、中兴等企业更便捷地"走出去",参与这些国家和地区跨境光缆和其他通信中继线网络的建设,改善国际通信连通性,提升其基础设施水平。对有一定网络基础条件的国家和地区,上海自贸试验区及临港新片区要支持阿里、腾讯等企业更便捷地"走出去",在"一带一路"沿线部署数据节点,建立云计算和数据中心,为"一带一路"各项数字合作服务提供优质的云计算服务。上海自贸试验区及临港新片区要大力吸引北斗卫星导航产业、智慧城市产业、电子支付和移动支付产业、云计算产业、电子商务等产业中的龙头企业、创新企业在区内设立总部,利用货物、资金、人员自由进出的优势,支持这些企业到"一带一路"沿线开展业务,拓展网络。

上海自贸试验区及临港新片区还应促进数字国际规则的完善,提升中国网络空间话语权。可利用"双自联动"和投资贸易自由化的优势,扶持中国相关企业推进5G技术研发,推进5G网络在全世界的推广,抢占5G标准和规则的话语权。可推动数字网络建设与贸易自由化的联动,率先开展电子签名和电子认证、无纸化贸易、个人数据保护、数字产品非歧视待遇、计算设施非本地化、跨境电子支付等先行先试,并及时总结经验,积极促进国际电子商务和数字贸易规则的制定和完善。

(4)继续推进立体网络建设。

除了加强空港枢纽、海港枢纽、数据和信息中心建设以外,上海自贸试验区及临港新片区还要加强立体、综合网络的建设。

要进一步按照国际航运中心建设的要求,优化完善枢纽港集疏运体系。加紧完成洋山港四期工程后续工作,加快推进外高桥港区八期工程建设;推进长江口南槽航道治理一期工程,推动长江口大型船舶超宽交会常态化运行;推动江海直达运输,推进外高桥内河港区一期工程项目和大芦线二期等内河高等级航道建设;加快启动小洋山北侧支线码头建设,为江海联运、提升水水中转比例提供有力支撑;加快沪通铁路南通至安亭段建设,力争沪通铁路太仓至四团段开工,推进铁路进外高桥港区;优化完善外高桥港区周边路网,建设郊环北部越江通道工程,建设临港集卡服务中心。

要加快推进浦东机场三期、浦东机场第五跑道工程等建设;加快机场联络线前期工作,完成轨道交通二号线东延伸改造工程,进一步完善浦东机场周边路网;构建北沿江城际、沪杭城际等机场群联络通道,强化浦东机场与长三角区域城际铁路网络等对外交通系统的衔接,扩展集疏运通道容量,构建空铁联运体系,提升与长三角城市群、长江经济带、沿海经济带等腹地区域的连通度。

上海自贸试验区及临港新片区应在总结洋山深水港四期全自动化码头建设经验的基础上,进一步加快物联网、新一代移动通信、云计算、大数据管理、下一代互联网等现代信息技术在网络枢纽建设中的集成应用创新,提高综合作业和管理的现代化、智能化水平,支撑和带动现代航运服务业的发展,构建智慧航运综合服务体系。

上海自贸试验区及临港新片区还应与上海市大数据中心建设联动,先行先试建立公共信息综合服务平台,汇总各部门、各机构、各主体的信息和数据,促进信息共享和信息应用。

(5)大力推进网络连接机制创新。

上海自贸试验区及临港新片区可以通过机制创新,推进现有网络与"一带一路"网络的连接。

上海自贸试验区及临港新片区可以通过松散型、软约束、低门槛的合作模式，迅速建立起范围较广、参与度较高的松散型联结机制。比如落实上港集团提出的"21世纪海上丝绸之路"港航合作机制①，比如切实推进国家发改委和国家海洋局2017年6月联合发布的《"一带一路"建设海上合作设想》所提出的缔结友好港或姐妹港协议、组建港口联盟等设想，比如推进首都机场集团提议的建立"一带一路"机场联盟等。

上海自贸试验区及临港新片区可以通过投资、并购等合作模式，建立紧密型的连接机制。最典型的经验是中国的港务集团通过投资、并购、合作控制或参与"一带一路"沿线港口的经营，构建以中资企业为核心的"一带一路"港口网络。比如，截至2017年5月，招商局集团投资的全球港口网络分布于19个国家和地区、49个港口，大多是"一带一路"沿线国家或地区的重要港口，招商局集团海外港口总投资超过20亿美元。

3. 建设"一带一路"经贸规则辐射源

"一带一路"建设需要制度性公共产品的保障。近年来，"一带一路"发展逐渐从理念转化为行动，从愿景转变为现实，取得了一系列重要的成果。截至2019年3月，中国政府已与125个国家和29个国际组织签署173份合作文件，同40多个国家开展了机制化产能合作②。未来这些合作必须依靠更加公平、透明、高效的规

---

① "21世纪海上丝绸之路"港航合作机制包括：（1）以设施联通推进港航多层次合作，形成携手并进、互联互通的发展合作机制；加强航线衔接，优化海上丝绸之路沿线航线布局；加强港口在资本、业务、信息、技术、管理等领域的交流合作。（2）以贸易畅通促进港航深度联动。推动形成开放、包容、共赢的贸易便利化合作机制；深化全产业链纵向合作的优势和空间，倡导联动开发和综合开发，带动腹地经济发展；构建全流程的网络化运输体系，降低供应链综合成本。（3）以信息互通推进港航无缝衔接。构建长期稳定、平等互利、合作共赢的港航战略伙伴关系；推动港航物流信息互联互通，实现信息共享与物流全程可视化；推动港航之间无缝衔接，提升口岸便利化水平。（4）以科技创新推进港航可持续发展。推动大数据和人工智能等数字化技术应用，发展智慧港航；坚持绿色发展理念，推动节能减排技术创新，打造绿色港航。

② 数据源自国家发改委新闻发言人在2019年4月18日新闻发布会上的发言。

则设计和合理的制度安排来保障和推进。中国在"一带一路"建设中投入了巨大的人力、物力和财力。2013—2018年，中国企业对"一带一路"沿线国家和地区直接投资超过900亿美元，完成对外承包工程营业额超过4 000亿美元，其中，在24个"一带一路"沿线国家在建的82家合作区，累计投资304.5亿美元，入区企业4 098家，上缴东道国税费21.9亿美元①。这些投资的成果和利益也需要通过政策沟通、规则完善来加以保障和维护。

而上海自贸试验区及临港新片区具备为"一带一路"建设供给制度性公共产品的优势。一方面，上海自贸试验区及临港新片区将面向全球，面向未来，对标国际最高标准和最好水平，先行先试贸易投资高标准规则，探索实践国际惯例。另一方面，上海自贸试验区及临港新片区的制度建设又结合发展中国家的实际，不是简单的照抄照搬，而是在借鉴和对标基础上的创新；上海自贸试验区及临港新片区的制度创新侧重服务于实体经济，服务于供给侧结构性改革，服务于克服那些阻碍和限制中等收入国家经济起飞的制度性障碍和陷阱。这样总结归纳形成的制度性成果，相较于发达国家现有的、处于后工业化阶段、侧重于服务业和服务贸易、以"规则重于发展"为宗旨的高标准规则，对大部分仍然处于发展中国家发展阶段、工业化中后期的"一带一路"国家和地区，无疑具有更大的适用性。

（1）贸易规则贡献。

上海自贸试验区及临港新片区应进一步拓展国际贸易单一窗口的功能（比如拓展至物流、金融、税收、服务贸易等），进一步提高系统集成和整体便利化水平，以此为核心进一步提升电子口岸整体运营效率。上海自贸试验区及临港新片区应及时总结上海电子口

---

① 杨晓琰，郭朝先. 加强国际产能合作推进"一带一路"建设高质量发展［J］. 企业经济，2019（7）：50-60.

岸的经验，形成规范性标准。上海自贸试验区及临港新片区可以通过亚太电子示范口岸网络，将贸易便利化措施和单一窗口网络更快、更广地在"一带一路"沿线复制推广，推进电子口岸的互联互通。

上海自贸试验区及临港新片区应不断探索贸易自由化措施、做法，并及时形成制度性公共产品，为 RCEP 的实施、后续扩容谈判乃至 RCEP Plus 谈判做好规则准备。

（2）投资规则贡献。

目前，我国与"一带一路"沿线 56 个国家（地区）签订了双边投资协定（BIT）。数量虽然不少，但其中大部分缔结于 1996 年之前，属于第一代投资协定。这类投资协定内容较为原则，条款也比较简单，甚至还存在缺少国民待遇条款、限制资本汇出、投资者只能将与征收补偿款额有关的争议提交专设仲裁庭解决等严重滞后的情况，保护水平较低，约束性也不够（韩剑等，2017）。随着"一带一路"投资的增多，发生纠纷的风险也在不断增加，一旦发生争议，我国投资者可能难以依据现有的投资协定获得充分保护。因此，普及 BIT，同时以投资保护和创新引导升级已有的 BIT，就显得尤为重要。

上海自贸试验区是最早探索"准入前国民待遇+负面清单"管理模式的自贸试验区，已经形成了比较完善的负面清单管理模式，除了特别管理措施的不断减少以外，在外商投资项目备案、商事登记制度改革、国家安全审查、公平竞争审查、不断提高透明度和市场准入的可预期性等方面正在形成一整套的机制设计。上海自贸试验区及临港新片区应进一步完善负面清单管理模式，完善制度性公共产品，为中国与"一带一路"国家（地区）的 BIT 谈判引入负面清单管理模式提供支撑。上海自贸试验区及临港新片区还可以在推进境外经贸合作区建设时，在双方国家相关部门的支持下，率先探索制定经贸合作区特别法规和实施细则，先行先试负面清单、投资者保护等理念和做法,为其后的双边 BIT 乃至多边投资规则打下基础。

(3) 纠纷解决规则贡献。

"一带一路"沿线国家和地区经济社会发展水平、法制完善程度、文化宗教特色等都存在巨大差异。"一带一路"建设涉及的矛盾纠纷也呈现出多元化和复杂化的特点,传统的、单一的诉讼手段已经不能完全满足社会的需要。面对多元化的纠纷和冲突,多元纠纷解决机制是能够尽可能妥善处理各类纠纷、缓解诉讼压力、减少冲突和矛盾并维护合法利益的有效机制,能够满足"一带一路"建设中多元化主体的多样性需求。

上海自贸试验区及临港新片区应在前期探索的基础上,努力推动形成调解、仲裁和诉讼顺畅衔接、相互配合的争端解决机制,为当事人提供国际化、"一站式"法律服务,吸引更多的"一带一路"沿线当事人选择在上海解决争议,同时为"一带一路"沿线纠纷解决提供示范程序、惯例、规则等制度性公共产品。

上海自贸试验区及临港新片区应支持上海经贸商事调解中心、中国国际贸易促进委员会/中国国际商会上海调解中心的专业化、国际化发展,支持这些机构到"一带一路"国家和地区设立办事处;应支持这些专业调解机构加强与英国争议调解中心(CEDR)、国际商会的纠纷解决机构(ICC DRS)、伦敦国际仲裁院(LCIA)、新加坡调解中心等国际调解机构的合作,吸纳国际调解机构推荐的调解员,同时向国际调解机构推荐中国的调解员;支持这些专业调解机构多渠道培养专业调解员,使其熟悉"一带一路"国家语言和实际情况、不断积累丰富的调解经验、具备相应的专业知识,更好地胜任"一带一路"纠纷调解工作;支持这些专业调解机构吸引有专业素养、国际视野的律师、专家加入"一带一路"纠纷调解队伍中来;进一步完善这些专业调解机构与上海市第一中级人民法院、第二中级人民法院、浦东新区人民法院自贸试验区人民法庭的对接。上海自贸试验区及临港新片区应在大胆探索的基础上，不但通过国际化、专业化的调解服务，吸引"一带一路"争端到上海进行调解，而且还要及时总结具有中国特色的国际调解经验，归纳形成国际调解示范程序，向"一带一路"国家和地区宣传和推广。

上海自贸试验区及临港新片区应不断提升境内外当事人对中国仲裁制度的信任感，吸引"一带一路"沿线当事人优先选择到上海自由贸易试验区进行仲裁。应进一步吸引"一带一路"沿线国家和地区的仲裁机构入驻，并争取全国人大授权，允许境外仲裁机构在区内开展仲裁业务；通过国际竞争，促进国内仲裁机构提升国际仲裁能力，提升中国仲裁机构的国际公信力；大胆探索国内仲裁机构与"一带一路"沿线的仲裁机构合作建立联合仲裁机制；对参与"一带一路"国际仲裁中心建设的境内外国际仲裁机构作出的裁决，上海法院依法提供财产保全、证据保全等方面的司法支持，并在便利、快捷司法审查的基础上积极执行仲裁裁决。应全力支持上海自贸试验区国际仲裁院、上海国际航空仲裁院、金砖国家争议解决上海中心、中非联合仲裁上海中心、产权交易仲裁中心等仲裁机构的建设，在不断完善的基础上吸引更多的"一带一路"国家和地区参与建设联合仲裁中心。上海自贸试验区及临港新片区应及时总结《上海自贸试验区仲裁条例》实施过程中的经验与挑战，进一步提升相关规则的国际化程度，力争与国际规则和惯例无缝对接，同时结合发展中国家特色，贡献"中国智慧"和"上海经验"，为"仲裁输出"提供规则保障，为将来"一带一路"双边或多边国际商事仲裁规则的谈判提供基础议题和基础文本。

在经济全球化大潮中，不少国家为了应对国际商事纠纷解决需求，纷纷建立国际商事法庭。例如，阿联酋于2004年设立迪拜国际金融中心法院，新加坡于2015年设立新加坡国际商事法庭，哈萨克斯坦、荷兰等国也相继通过立法设立国际商事法庭。2018年6月，中国最高人民法院分别在深圳和西安设立了第一国际商事法庭和第二国际商事法庭。上海自贸试验区及临港新片区应密切关注国际商事法庭的运行,及时学习借鉴国际商事法庭的创新和经验,在条件成熟时,申请设立第三个国际商事法庭。同时,上海金融法院、上海海事法院、上海知识产权法院应主动探索,提高案件审理的专业化水平和国际化水平。对涉外案件,可以率先探索在当事人同意的基础上,适用国际组织示范文本、国际惯例、国际行业协会文件等具有国际法属性的规范性文本。

4. 建设"一带一路"专业服务中心

世界知名的自由贸易港,比如香港、新加坡、迪拜、鹿特丹等,同时又是全球资源配置中心和价值链核心,其中一个重要的支撑就是其发达的专业服务业。香港已经成为中资企业"走出去"的最重要的桥头堡。中国对外投资总额的65%是在香港或通过香港完成的[①]。中资企业"走出去"大多经由香港,依仗的就是其高度发达、系统集成的专业服务。

上海自贸试验区及临港新片区要建设"一带一路"桥头堡,成为企业走出去发展壮大的重要跳板,需要大力发展专业服务业。

(1) 吸引和培育专业服务业集团。

上海自贸试验区及临港新片区要进一步完善负面清单管理模式,修订服务贸易负面清单,进一步扩大专业服务业的开放,进一步吸引国际知名的专业服务机构在区内开设或升级地区总部,以开放促进竞争,在开放、竞争和学习中培养和训练国际化和专业化的人才,在开放、竞争和学习中鼓励和培育专业化、市场化、国际化的专业服务机构。上海自贸试验区及临港新片区要出台优惠政策,比如政府购买服务、信用增信扶持等,鼓励国内外专业服务机构参与"一带一路"建设。要争取国家相关部门支持,探索专业服务机

---

① 全国政协副主席、中华全国工商业联合会主席2011年11月15日在香港举行的首届中国海外投资年会发言时提出,中国对外投资总额的65%是在香港和通过香港向海外投资完成的,香港已经成为中国对外投资的重要窗口。

构资质审批改革,允许从事相近专业服务的机构拥有多种服务资质,促进混业经营,促进专业服务机构向产业链两端延伸和拓展。可以在人才、税收、金融等方面出台鼓励政策,促进专业服务机构做大做强,培育中国的专业服务业跨国公司。鼓励有条件的中资专业服务机构"伴随出海",在"一带一路"沿线开设分支机构,就近提供专业服务。

(2)提高"一带一路"公共服务平台的专业水平和公信力。

"一带一路"境外投资公共信息服务平台应该由政府投资,委托法定机构或独立第三方运营,并且探索公共信息和公共数据的公开制度,以供专业服务机构利用相关的信息和数据。

而"一带一路"投资促进机构则可以"百花齐放",可由政府相关部门联合设立,可委托中国国际贸易促进委员会等专业机构设立,也可鼓励行业协会、商会等组织凭借其"软力量"设立,吸引专业服务机构加强合作,为中国企业参与"一带一路"提供全产业链、全生态圈和全生命周期的综合专业服务。

(3)率先建设国家级"一带一路"海外投资风险管理中心。

目前"一带一路"海外投资风险预警、风险防控成为"一带一路"建设进入"工笔画"阶段的重点、难点。上海自贸试验区及临港新片区应充分利用优势,率先建设国家级"一带一路"海外投资风险管理中心。

信用评级是风险防控的基础性工作。2015年,金砖五国在乌法峰会上首次提出要设立独立评级机构,并在《果阿宣言》中得到进一步确认。上海自贸试验区及临港新片区应积极争取将筹建中的独立于现有标普、穆迪和惠誉三大评级机构的金砖国家评级机构总部设立在区内,并以此为突破口,推进新国际评级机构在"一带一路"沿线的资信调查、评级和服务业务。

如前文所述,上海自贸试验区及临港新片区要进一步完善国际争端多元解决机制,进一步提升争端解决的国际化水平,争取将

"一带一路"国际仲裁中心设立在区内。

投资担保也是跨境投资风险分散和管理的重要手段。除了加强中国出口信用保险公司、借助世界银行多边投资担保机构（MIGA）以外，国家层面正在考虑配套亚洲基础设施投资银行，新设亚洲基础设施投资保险公司或类似的新型多边投资担保机构。上海自贸试验区及临港新片区应积极跟踪这一设想的发展，积极创造机会推进其落地在区内。

从现有的经验看，吸引多边金融机构参与也是分散和管理海外投资风险的有效办法。上海自贸试验区及临港新片区可在国家相关部门的支持下，吸引世界银行下属国际金融公司、亚洲开发银行、亚洲基础设施投资银行、伊斯兰开发银行、美洲开发银行、欧洲复兴开发银行等多边政策性或开发性金融机构在区内设立办事处，方便中国企业在"走出去"过程中采取银团贷款、多元股权、债权股权组合等复合方式。

我国的海外安保业务尚处于起步阶段，虽然不同程度受到国内外法律的限制，但需求旺盛。上海自贸试验区及临港新片区可积极争取国家相关部门的支持，试点设立专业海外安保企业，加强与"一带一路"沿线国家（地区）政府和企业的合作，寻找机会参与甚至创办海外安保业务，让"经贸合作、安保先行"从口号变为现实。

5. 建设"一带一路"创新链枢纽

七年多来，特别是"一带一路"进入"工笔画"阶段以来，创新合作成为"一带一路"建设的新增长点和重要领域。"一带一路"创新合作在构建和升级双边和多边创新合作及对话机制、共建联合实验室、合作科技园区建设、技术转移转化平台建设、加强科技人文交流、"硬"基础设施建设和"软"公共产品供给等重点领域做了大量的探索工作，取得了重要的阶段性成果，积累了不少经验。上海自贸试验区及临港新片区与上海建设具有国际影响力的科创中心联动，取得了重大进展，也为积极参与"一带一路"创新合作打下了坚实的基础。

习近平总书记在第二届"一带一路"国际合作高峰论坛开幕式发言中特别提出："创新就是生产力，企业赖之以强，国家赖之以盛。我们要顺应第四次工业革命发展趋势，共同把握数字化、网络化、智能化发展机遇，共同探索新技术、新业态、新模式，探寻新的增长动能和发展路径，建设数字丝绸之路、创新丝绸之路。"

上海自贸试验区及临港新片区应以建设"一带一路"创新链枢纽来对接服务"一带一路"建设。具体来说，可以将上海自贸试验区及临港新片区建设成为"一带一路"重大原始创新发源地、"一带一路"创新核心要素配置中心和"一带一路"创新治理制度性公共产品策源地。

（1）建设"一带一路"重大原始创新发源地。

实现重大原始创新突破，掌握重大原始理论创新和技术创新成果，都是体现创新链主导权的重要能力。上海在建设具有国际影响力的科创中心的过程中，在高水平创新基地、国家实验室、国家重大科技基础设施群、国家重大科技项目的建设方面，以及在围绕集成电路、人工智能、生物医药、战略性新兴产业等关键核心技术和卡脖子领域的突破方面，都打下了扎实的基础。

习近平总书记在浦东开发开放30周年庆祝大会讲话中，要求"浦东要在基础科技领域作出大的创新，在关键核心技术领域取得大的突破，更好发挥科技创新策源功能。要优化创新创业生态环境，疏通基础研究、应用研究和产业化双向链接的快车道。要聚焦关键领域发展创新型产业，加快在集成电路、生物医药、人工智能等领域打造世界级产业集群。要深化科技创新体制改革，发挥企业在技术创新中的主体作用，同长三角地区产业集群加强分工协作，突破一批核心部件、推出一批高端产品、形成一批中国标准。要积极参与、牵头组织国际大科学计划和大科学工程，开展全球科技协同创新"。

上海自贸试验区及临港新片区要"面向世界科技前沿、面向经济主战场、面向国家重大需求、面向人民生命健康,加强基础研究和应用基础研究,打好关键核心技术攻坚战,加速科技成果向现实生产力转化,提升产业链水平"。

上海自贸试验区及临港新片区要在"一带一路"建设需求强烈的生态环境研究与相关重大挑战的应对、公共卫生、农业等重大基础理论创新领域,以及信息技术、生物医药、新能源、新材料、高端装备、航天航空等重大基础技术创新领域,开展技术攻关,力争取得重大突破。

上海自贸试验区及临港新片区要进一步加快张江科学城为主的科创中心建设,加速推进新的国家重大科技基础设施群的建设,同时提高重大科技基础设施的开放度,建立并完善重大科技基础设施的合作利用程序和规则,使之成为与全球科学家(包括"一带一路"沿线国家和地区科学家)交流合作的重大平台。

(2)建设"一带一路"创新核心要素配置中心。

将上海自贸试验区及临港新片区建设成为"一带一路"创新核心要素配置中心,可以从以下几方面着手:

一是进一步完善国际化、市场化、法治化的营商环境,尽快实现从投资贸易便利化向自由化的升级,将上海自贸试验区及临港新片区建设成为"一带一路"创新核心要素整合者的"母港"。上海自贸试验区及临港新片区要吸引国内外创新领域的跨国公司,特别是通过建设"一带一路"桥头堡,将上海建设成为中资创新跨国公司"走出去"的总部;要采取切实措施,引导和支持张江高科技园区到"一带一路"的境外经贸园区开办"园中园"式的高技术园区;要大力吸引欧美、日韩等跨国公司,以上海自贸试验区及临港新片区为基地,参加"一带一路"的第三方创新合作。

二是打造"一带一路"创新核心要素配置平台。上海自贸试验区及临港新片区可以借助中国国际进口博览会，打造"一带一路"高新技术产品和服务的会展平台；上海自贸试验区及临港新片区要进一步大力推进上海技术交易所、上海科技产业中心、上海南南全球技术产权交易所等技术配置平台在规范发展的基础上，进一步加强与中国-东盟技术转移中心、中国—南亚技术转移中心、中国—阿拉伯国家技术转移中心的对接，并实质性推动这些技术转移中心的实体化运作，进一步提升技术转移协作网络的能级；上海自贸试验区及临港新片区可以借助资本市场的开放，探索在上海证券交易所科创板、三板市场开设"一带一路"创新创业企业的产权交易平台。

三是进一步完善金融服务，大胆探索为"一带一路"创新合作服务的金融创新。上海自贸试验区及临港新片区应进一步发挥国际金融中心优势，引导和动员中外资银行，以银团贷款、银行授信、新金融衍生品等方式为"一带一路"创新合作提供资金支持；应在监管部门支持下，进一步放宽准入门槛，鼓励和支持相关的境内外企业在上海证券交易所和银行间债券市场发行"一带一路"创新债券；应采取进一步优惠政策，吸引由国内投资者、"一带一路"沿线投资者、第三方国家（地区）投资者等单独或共同设立"一带一路"创新投资基金、创业投资基金、股权投资基金、并购投资基金、产业投资基金和母基金等；应利用自由贸易账户体系，为PE、VC、天使基金、并购基金、产业基金等开展"一带一路"跨境投资提供资金进出便利；应鼓励和支持保险机构开展业务创新，为开展科技创新的企业在产品研发、生产、销售各环节以及数据安全、知识产权保护等方面提供保险保障。

四是建设"一带一路"创新合作人才高地。上海自贸试验区及临港新片区不但要成为"一带一路"创新合作的科学家、企业家的高地，也要成为"一带一路"创新合作的管理者、创业者和专业服务人才的集聚高地。上海自贸试验区及临港新片区要进一步强化人才合作培养机制,通过共建国际大学或分校、建设培训中心与培训基地、提供政府奖学金名额等方式,扩大来自"一带一路"沿线国家和地区的留学规模和培训规模,尤其应充分利用上海在金融、管理、行政等领域的特长,加强对科技管理与政策、科技评估、知识产权服务与保护、创新创业能力等实务能力的培训;要实施更加开放的创新型人才跨境与跨区域流动机制,扩大杰出青年科学家和创新创业人才来区内工作计划规模,探索柔性引智机制,探索建立技术移民制度,鼓励和支持来华留学生和在海外留学生以多种形式参与创新创业活动(徐珺等,2018);要更加积极地参与科技部组织的"一带一路"科技特派员计划,开展科技志愿服务,到"一带一路"国家和地区实地帮助其解决技术问题、满足其技术需求。

(3)建设"一带一路"创新治理制度性公共产品策源地。

随着"一带一路"建设从"大写意"阶段进入"工笔画"阶段,"一带一路"创新合作急需在创新治理体系、创新治理机制、创新治理制度等方面"补短板"。"一带一路"创新治理同时也是中国积极参与全球化和国际创新治理的重要突破点。

自2013年挂牌运行以来,上海自贸试验区在制度创新方面一直走在全国前列。在"一带一路"创新合作的创新治理和制度创新方面,上海自贸试验区及临港新片区也可以借助自身的优势,积极作为。

上海自贸试验区及临港新片区可以结合"一带一路"沿线国家重点合作领域,在广泛布局创新链与产业链的同时,加强适应性关键技术研发和技术标准对接,完善技术检验检测认证服务体系布局,建立和完善以标准化为轴心的技术创新资源和服务体系。

上海自贸试验区及临港新片区可以率先探索技术转移的规则体系。可以利用市场化、法制化比较完善的优势,建立和完善技术转移的服务规范、标准程序、标准合约、监督和内控机制、信用管理、纠纷解决、技术转移平台的运作规范等系列规则,为在"一带一路"沿线复制和推广提供制度创新成果和经验。

上海自贸试验区及临港新片区可以在全面落实WTO《与贸易有关的知识产权协定》（TRIPs）的基础上，研究CPTPP所代表的知识产权保护"TRIPs Plus"的更高标准规则，比如对知识产权更全面的规定（数字版权、地理标志等），对侵权认定范围、侵权使用条件的扩大，以及民事程序、临时措施、边境措施、刑事程序等更严厉的保护执法等，进一步提高知识产权保护的水平，并形成相关的规则。上海自贸试验区及临港新片区应完善高质量的知识产权海外维权服务体系，在国家相关部门支持下推进与"一带一路"国家和地区知识产权相关部门和司法机构的合作，协同知识产权保护的执行力度，切实完善知识产权的行政执法和司法保护。上海自贸试验区及临港新片区应进一步推进亚太知识产权中心建设，构筑高水平的知识产权公共服务平台，发挥国家知识产权运营公共服务平台国际运营（上海）试点平台的运营交易、金融服务、国际合作和海外维权等服务功能，进一步推进"一带一路"沿线知识产权登记平台的互联互通，促进知识产权的互认。

# 第8章
# 上海自贸试验区对接长三角一体化建设

## 8.1 长三角一体化的历程

长三角一体化最早可追溯到新中国成立初期。1954年10月，中共中央成立上海局，其职责主要是对上海及江浙工农业生产、资本主义工商业改造，以及对中央指示方针的贯彻执行情况进行检查和调研。1958年2月，中共中央作出了《关于召开地区性的协作会议的决定》，提出"上海、江苏、浙江、安徽、福建、山东、江西为华东协作区"。1961年，中共八届九中全会通过《关于成立中央局的决议》，决定撤销经济协作区，成立6个党的中央局，其中，中央华东局代表中央领导上海、江苏、浙江、江西、福建、安徽、山东等七省一市，机关驻地为上海[1]。当时，长三角各地间联系自

---

[1] 郭继. 上海与长三角一体化发展历史回顾[J]. 党政论坛, 2018 (12): 11-14.

发程度较低，因而以国家计划调拨为主，形成了长三角一体化发展的雏形①。

改革开放以来，1982年，国务院下发《关于成立上海经济区和山西能源基地规划办公室的通知》；1983年3月，上海经济区规划办公室在上海成立，其职能主要是调研、协调和编制区域内（以上海为中心，包括长江三角洲的苏州、无锡、常州、南通和杭州、嘉兴、湖州、宁波、绍兴10个城市）的发展规划。1984年12月，上海经济区的区划扩大为上海市和江苏、浙江、安徽、江西四省一市。在编制发展规划的过程中，上海经济区规划办公室首次提出了"一体化"的概念。1988年6月，国家计委发出通知，撤销上海经济区规划办公室。

上海经济区试验退出历史舞台，但由各地"轮流主持"召开的联席会议制度却保留了下来。20世纪90年代初，长三角15个城市的协作办主任联席会议制度在自发倡议下形成。1997年，长三角城市协作部门主任联席会议升级为长三角城市经济协调会，每两年召开一次，由市长或分管副市长参加。2005年，时任浙江省委书记的习近平同志提议每年举行长三角两省一市主要领导人座谈会，首次座谈会在杭州召开。2008年，安徽作为正式成员出席了在浙江宁波召开的长三角地区主要领导座谈会、长三角地区经济合作与发展联席会议。这一时期，在国家经济体制转轨的宏观背景下，商品流动系统和市场体系加速建立，经济发展对于消除区域间市场分割的内生需求也变得日益强烈，长三角一体化更多体现为城市层面（后续发展到省市层面）为适应需求而开展的广泛的自发合作。

在城市合作的同时，国家层面对长三角协调发展的思考和探索一直没有停歇。1992年6月，国务院专门召开长江三角洲及沿江经济规划座谈会。10月，党的十四大召开，正式把"以上海浦东开

---

① 秦汉. 浅谈长三角一体化的三个阶段［J］. 宁波通讯，2020（7）：38.

发开放为龙头,进一步开放长江沿岸城市……带动长江三角洲和整个长江流域地区经济的新飞跃"作为重要的战略部署写入党代会报告。2007年5月,时任国务院总理的温家宝同志在上海主持召开长江三角洲地区经济社会发展座谈会,强调推进长江三角洲地区实现率先发展具有全局性意义。2008年,国务院印发了《关于进一步推进长江三角洲地区改革开放和经济社会发展的指导意见》,确立了长三角政府层面决策层、协调层和执行层"三级运作"的区域合作机制。2010年,国务院先后印发《全国主体功能区规划》和《长江三角洲地区区域规划》,对长江三角洲区域发展空间布局进行了规划。2016年,国务院印发《长江三角洲城市群发展规划》。2018年3月,长三角区域合作办公室开始运行,由江苏省、浙江省、安徽省和上海市抽调的人员组建而成,办公地点在上海。

2018年11月5日,习近平总书记在首届中国国际进口博览会上宣布,支持长江三角洲区域一体化发展并上升为国家战略,着力落实新发展理念,构建现代化经济体系,推进更高起点的深化改革和更高层次的对外开放,同"一带一路"建设、京津冀协同发展、长江经济带发展、粤港澳大湾区建设相互配合,完善中国改革开放空间布局。

## 8.2 新时代长三角一体化的新要求

2019年5月13日,中共中央政治局会议通过了《长江三角洲区域一体化发展规划纲要》(以下简称《纲要》)。2019年12月,《纲要》由中共中央、国务院印发实施。

《纲要》的规划范围包括上海市、江苏省、浙江省、安徽省全域(面积35.8万平方公里)。《纲要》提出,实施长三角一体化发展战略,是引领全国高质量发展、完善我国改革开放空间布局、打造我国发展强劲活跃增长极的重大战略举措。

《纲要》提出长三角一体化的建设目标是"一极三区一高地"。将长三角建设成为全国发展强劲活跃增长极,加强创新策源能力建设,构建现代化经济体系,提高资源集约节约利用水平和整体经济效率,提升参与全球资源配置和竞争能力,增强对全国经济发展的影响力和带动力,持续提高对全国经济增长的贡献率。将长三角建设成为全国高质量发展样板区,坚定不移贯彻新发展理念,提升科技创新和产业融合发展能力,提高城乡区域协调发展水平,打造和谐共生绿色发展样板,形成协同开放发展新格局,开创普惠便利共享发展新局面,率先实现质量变革、效率变革、动力变革,在全国发展版图上不断增添高质量发展板块。将长三角建设成为率先基本实现现代化引领区,着眼基本实现现代化,进一步增强经济实力、科技实力,在创新型国家建设中发挥重要作用,大力推动法治社会、法治政府建设,加强和创新社会治理,培育和践行社会主义核心价值观,弘扬中华文化,显著提升人民群众生活水平,走在全国现代化建设前列。将长三角建设成为区域一体化发展示范区,深化跨区域合作,形成一体化发展市场体系,率先实现基础设施互联互通、科创产业深度融合、生态环境共保联治、公共服务普惠共享,推动区域一体化发展从项目协同走向区域一体化制度创新,为全国其他区域一体化发展提供示范。将长三角建设成为新时代改革开放新高地,坚决破除条条框框、思维定势束缚,推进更高起点的深化改革和更高层次的对外开放,加快各类改革试点举措集中落实、率先突破和系统集成,以更大力度推进全方位开放,打造新时代改革开放新高地。

《纲要》还对推动形成区域协调发展新格局、加强协同创新产业体系建设、提升基础设施互联互通水平、强化生态环境共保联治、加快公共服务便利共享、推进更高水平协同开放、创新一体化发展体制机制、高水平建设长三角生态绿色一体化发展示范区、推进规划实施等提出了具体要求。

《纲要》的第 11 章还专章提到"高标准建设上海自由贸易试验区新片区"。《纲要》提出，加快中国（上海）自由贸易试验区新片区建设，以投资自由、贸易自由、资金自由、运输自由、人员从业自由等为重点，推进投资贸易自由化便利化，打造与国际通行规则相衔接、更具国际市场影响力和竞争力的特殊经济功能区。

《纲要》提出，上海自由贸易试验区新片区要带动长三角新一轮改革开放。定期总结评估新片区在投资管理、贸易监管、金融开放、人才流动、运输管理、风险管控等方面的制度经验，制定推广清单，明确推广范围和监管要求，按程序报批后有序推广实施。加强自由贸易试验区与海关特殊监管区域、经济技术开发区联动，放大自由贸易试验区辐射带动效应。

2020 年 8 月 20 日，习近平总书记在合肥主持召开扎实推进长三角一体化发展座谈会并发表重要讲话。习近平总书记强调，面对严峻复杂的形势，要更好推动长三角一体化发展，必须深刻认识长三角区域在国家经济社会发展中的地位和作用。第一，长三角要率先形成新发展格局。在当前全球市场萎缩的外部环境下，我们必须集中力量办好自己的事，发挥国内超大规模市场优势，加快形成以国内大循环为主体、国内国际双循环相互促进的新发展格局。长三角区域要发挥人才富集、科技水平高、制造业发达、产业链供应链相对完备和市场潜力大等诸多优势，积极探索形成新发展格局的路径。第二，长三角要勇当我国科技和产业创新的开路先锋。当前，新一轮科技革命和产业变革加速演变，更加凸显了加快提高我国科技创新能力的紧迫性。上海和长三角区域不仅要提供优质产品，更要提供高水平科技供给，支撑全国高质量发展。第三，长三角要加快打造改革开放新高地。近年来，经济全球化遭遇倒流逆风，越是这样我们越是要高举构建人类命运共同体旗帜，坚定不移维护和引领经济全球化。长三角区域一直是改革开放前沿。要对标国际一流标准改善营商环境,以开放、服务、创新、高效的发展环境吸引海内外人才和企业安家落户,推动贸易和投资便利化,努力成为联通国际市场和国内市场的重要桥梁。

习近平总书记指出,实施长三角一体化发展战略要紧扣一体化和高质量两个关键词,以一体化的思路和举措打破行政壁垒、提高政策协同,让要素在更大范围畅通流动,有利于发挥各地区比较优势,实现更合理分工,凝聚更强大的合力,促进高质量发展。

习近平总书记指出,2020年是上海浦东开发开放30周年,支持浦东在改革系统集成协同高效、高水平制度型开放、增强配置全球资源能力、提升城市现代化治理水平等方面先行先试、积极探索、创造经验,对上海以及长三角一体化高质量发展乃至我国社会主义现代化建设具有战略意义。要继续做好上海自由贸易试验区临港新片区建设工作,充分发挥试验田作用。要抓好上海国际金融中心建设,支持长三角和全国经济高质量发展。

## 8.3 高质量的长三角一体化面临的挑战

经过几十年的发展,改革开放以来,特别是党的十八大以来,长三角一体化发展取得明显成效。正如《纲要》提到的,长三角地区经济社会发展全国领先,科技创新优势明显,开放合作协同高效,重大基础设施基本联通,生态环境联动共保,公共服务初步共享,城镇乡村协调互动。长三角已经具备在更高起点上推动更高质量一体化发展的良好条件,但也面临不少老的问题和新的挑战。

阻碍经济社会高质量发展的行政壁垒仍未完全打破,统一开放的一体化市场体系尚未形成。长三角地区仍然存在"行政区经济"格局。"为竞争而增长"的"行政区经济"一方面提供了地方政府驱动型的增长动力,但另一方面也形成和维持了碎片化的市场。与商品市场相比,劳动力、资本、技术、信息等要素市场的流动面临更多的障碍,受传统的行政条块分割和政策制约更为明显。阻碍资源和要素流动的地方政府障碍,绝大多数都是在经济转轨时期参与市场竞争的过程中慢慢形成的,有的还渐渐固化为地方性的或明或暗的利益规则①。阻碍经济社会高质量发展的行政壁垒未完全打破,统一开放的市场体系尚未形成,使得资源配置效率达不到最优,超大规模市场优势得不到最充分的释放和利用,将阻碍长三角竞争力的进一步提升。

科创和产业融合不够深入,产业发展的协同性有待提升。长三角区域创新生态体系功能框架尚待建立,科技创新优势还没有有效转化为产业优势和功能优势。产业同构化现象严重,比如,浙江省几乎所有区位商大于1的制造业行业均与江苏省重合,江苏省几乎所有区位商大于1的高端制造业行业均与上海重合②。主导产业布局雷同,长三角各城市"十三五"规划中,有26个城市将汽车作为优势产业或者重点发展产业,146家国家级开发区中分别有32、28、23家将电子信息、装备机械、汽车及其零配件作为主导产业③。科创和产业融合不够深入,产业发展缺乏协同,不可避免使得区域产业出现低水平重复建设和过度竞争,既造成一定的资源浪费,也难以形成区域创新链、价值链和产业链的整体竞争优势。

---

① 刘志彪,徐宁. 统一市场建设:长三角一体化的使命、任务与措施 [J]. 现代经济探讨,2020 (7):1-4.
② 区位商是指一个地区特定部门的产值在地区工业总产值中所占的比重与全国该部门产值在全国工业总产值中所占比重之间的比值。区位商大于1,可以认为该产业是地区的专业化部门;区位商越大,专业化水平越高。
③ 朱晓明. 推进长三角高质量一体化发展重大举措建议 [J]. 科学发展,2020 (4):53-63.

区域内发展不平衡不充分,跨区域共建共享共保共治机制尚不健全,基础设施、生态环境、公共服务一体化发展水平有待提高。作为长三角核心城市的上海,城市首位度偏低,上海的 GDP 只占全国的 5%、长三角区域的 18%,与国际发达国家首位城市占全国的 GDP 比重相比较,如纽约占 24%、东京占 26%、伦敦占 22%、首尔占 26%,差距较大[①]。安徽省的经济发展规模和质量整体与江浙沪存在一定的差距,与上海和浙江的经济联系程度不高,在高质量一体化发展的各项指标中,绝大多数指标值均落后于江浙沪。虽然已经建立了长三角政府层面决策层、协调层和执行层"三级运作"的区域合作机制,但仍然面临政策配套不足、立法和资金等保障机制不完善、利益协调机制不健全等现实挑战。基础设施互联互通、生态环境共保联治、公共服务便利共享等方面距离高质量一体化还有一定的差距。

全面深化改革还没有形成系统集成效应,与国际通行规则相衔接的制度体系尚未建立。即便是长三角的自贸试验区,也仍然存在制度创新碎片化的特征,单部门改革、单领域改革、流程完善等"珍珠式"制度创新多,而系统集成的"项链式"制度创新少,能够形成制度性公共产品的制度创新则更少;跨区域、跨部门的全面深化改革则更亟待突破。长三角的自贸试验区在对标国际通行规则方面进行了不少探索,但对标 CPTPP 为代表的高水平国际规则,在投资、贸易、金融、运输、人员从业等领域从便利化向自由化提升方面仍然有较大的空间;同时,自贸试验区的制度创新和开放试验经验也亟待在长三角加快复制推广,与国际通行规则相衔接的制度体系亟待形成。

同时,高质量长三角一体化发展还面临更加复杂多变的国际环

---

① 高骞,吴也白,王沛. 构筑上海服务长三角一体化发展国家战略的新优势[J]. 科学发展,2019(10):51–58.

境。2008年全球金融危机之后，世界经济复苏乏力，陷入"新平庸"[①]。虽然全球化仍然是历史潮流，但趋势放缓，逆全球化思潮不断出现，单边主义、保护主义抬头，国际大循环动能明显减弱。国际形势日趋复杂，大国博弈日益加剧，地缘政治错综复杂，传统和非传统风险都有所提高。国际体系和国际秩序面临深度调整，国际经济治理体系和治理规则都面临重构。

## 8.4 上海自贸试验区对长三角经济的影响

上海自贸试验区在贸易、投资、金融、政府职能等方面的改革开放试验和制度创新，有效促进了市场微观主体发展，促进产业功能完善和提升，继而通过产业链延伸、货物和要素流通、金融服务实体经济、区域辐射带动等，在很大程度上促进长三角的经济发展。

彭羽等（2020）选取2009—2017年的季度数据，对自贸试验区建设的经济效应进行分析，发现上海自贸试验区的设立和运行，给长三角的GDP增长带来了正向影响，平均处理效应为0.029，给长三角的固定资产投资带来了正向影响，平均处理效应为0.067，给长三角的国际贸易带来了正向影响，平均处理效应为0.078，给长三角的规模以上工业企业利润带来了正向影响，平均处理效应为0.01，给长三角的政府财政收入带来了正向影响，平均

---

[①] 所谓的"新平庸"（new mediocre），是国际货币基金组织（IMF）总裁拉加德在2014年10月的一场演讲中提出的，主要是指由于投资不足，以及低信心、低增长、低通货膨胀所造成的经济恶性循环，从而使得经济增长持续低于长期平均值，而且就业疲弱不振。

处理效应为0.073①。通过对2015年上海自贸试验区扩区前后的对比研究，彭羽等发现扩区后的上海自贸试验区对长三角经济的正向影响更大，说明试点范围的拓展使其产生的区域辐射效应进一步提升。

冯帆等（2019）的研究发现，上海自贸试验区的设立对江苏省的GDP增长、进出口贸易都有正向促进作用，并且长期作用效应更加明显②。但冯帆等的研究也验证了滕永乐等（2014）提出的担心，即上海自贸试验区运行后，短期内对周边地区产生的"虹吸效应"，对江苏省的固定资产投资和工业增加值产生了负面影响③。

相信随着上海自贸试验区的拓展和发展，随着长三角三省一市都设立了自贸试验区，自贸试验区对长三角经济的辐射带动效应必将更加明显。

## 8.5 上海自贸试验区对接高质量长三角一体化的重要领域和主要举措

对接长三角一体化国家战略要求，上海自贸试验区及临港新片区应在服务长三角一体化和高质量发展方面发挥更加积极的引领和带动作用，重要的领域包括制度创新与复制推广、打造科技创新链、构建世界级产业集群、金融带动要素市场一体化以及区域深度融合五个方面。

---

① 彭羽，杨作云. 自贸试验区建设带来区域辐射效应了吗——基于长三角、珠三角和京津冀地区的实证研究 [J]. 国际贸易问题，2020 (9)：65-80.
② 冯帆，许亚东，韩剑. 自由贸易试验区对长三角经济增长外溢影响的实证研究 [J]. 世界经济与政治论坛，2019 (5)：118-138.
③ 滕永乐，沈坤荣. 中国（上海）自由贸易试验区对江苏经济的影响分析 [J]. 江苏社会科学，2014 (1)：261-268.

1. 制度创新与复制推广

要打破行政壁垒,建立统一开放的市场体系,推动长三角高质量一体化发展,高质量和一体化的制度规范是前提。2020年11月,习近平总书记在浦东开发开放30周年庆祝大会上的讲话中提出,要探索开展综合性改革试点,统筹推进重要领域和关键环节改革,从事物发展的全过程、产业发展的全链条、企业发展的全生命周期出发来谋划设计改革,加强重大制度创新充分联动和衔接配套。上海自贸试验区及临港新片区应发挥持续制度创新的优势,在高质量、一体化和系统集成的制度创新领域继续先行先试,同时加大复制和推广力度。

上海自贸试验区及临港新片区要继续对标国际高水平规则。以CPTPP为代表的高水平国际投资贸易规则体现了发达经济体的比较优势,也在很大程度上体现了区域深度一体化的要求,体现了跨境商品、要素和服务高水平自由流动的趋势和要求。2020年11月21日,习近平主席在亚太经合组织峰会上宣布,中国将积极考虑加入CPTPP。作为中国经济开放度最高的地区,长三角的一体化实践可以学习借鉴国际高水平深度一体化的规则。上海自贸试验区及临港新片区应在前期对标的基础上,继续对标CPTPP在投资、市场准入、原产地规则、贸易便利化、贸易救济、检验检疫、技术性贸易壁垒、服务贸易、金融服务、政府采购、人员出入境、电子商务、知识产权等传统投资贸易领域的高标准,进一步完善相关的体制机制。同时,CPTPP还涉及监管一致性、透明度与反腐败、劳工、环境、国有企业、竞争政策等非传统领域的新问题,随着拜登就任新一届美国总统,相信上述结构性问题也会成为下一阶段中美经贸谈判的核心问题。上海自贸试验区及临港新片区应该在这些领域大胆探索,先行先试,争取形成一批制度性成果。

与海南自由贸易港一道,上海自贸试验区临港新片区已经在全国率先探索"五个自由"和"一个联通"①。上海自贸试验区临港新片区探索投资自由,实施公平竞争的投资经营便利,在电信、保险、证券、科研和技术服务、教育、卫生等重点领域加大对外开放力度,放宽注册资本、投资方式等限制,促进各类市场主体公平竞争;上海自贸试验区临港新片区以建立洋山特殊综合保税区为抓手,实施更高水平的贸易自由化便利化政策和制度;上海自贸试验区临港新片区按照国家统筹规划、服务实体、风险可控、分步推进的原则,稳步推进资本项目可兑换,探索资本自由流入流出和自由兑换;上海自贸试验区临港新片区在沿海捎带、国际船舶登记、国际航权开放等方面加强探索,探索实施高度开放和运输自由的国际运输管理,提高对国际航线、货物资源的集聚和配置能力;上海自贸试验区临港新片区放宽现代服务业高端人才从业限制,在人员出入境、外籍人才永久居留等方面实施更加开放便利的政策措施,探索人员从业自由;上海自贸试验区临港新片区探索实施国际互联网数据跨境安全有序流动,促进信息快捷联通,主动参与引领全球数字经济交流合作。

上海自贸试验区及临港新片区可以将上述国际投资、贸易、金融、运输、出入境、数据等领域的探索继续深化,延伸至国内市场一体化的探索中。比如,出台系列政策,在加大对外资开放的同时,加大对内开放,扩大对非国有资本,尤其是对民营资本的开放;实施内外资一致的市场准入负面清单,落实外资内资、国资民资一律平等原则;消除外资、民资的"准入不准营"问题,消除准入后的"弹簧门""玻璃门""旋转门"等问题。比如,将国际贸易单一窗口、长三角通关一体化等思路、做法和平台,延伸运用到长三角的商品市场、要素市场和服务市场的一体化建设,力争实现

---

① 五个自由即投资自由、贸易自由、资金自由、运输自由、人员从业自由,一个联通即信息快捷联通。

统一数据、统一税费、统一监管。比如,将对境外人才的从业自由、流动便利政策进一步延伸到国内人才的自由流动,探索在户籍、税收、住房、子女教育、医疗等方面率先出台长三角一体化的人才政策。比如,将信息快捷联通的原则尽快运用于长三角跨区域信息和数据的联通、整合和应用上,促进长三角一体化数字经济的大发展。

上海自贸试验区及临港新片区要继续率先营造高水平的营商环境。上海自贸试验区及临港新片区不能再满足于对标世界银行国际营商环境评估指标体系,而是要在此基础上,以市场评价为第一评价、以企业感受为第一感受,全面推行特色营商环境指标,将上海自贸试验区及临港新片区打造成为上海最好、在全国最具示范效应、在国际具有较大影响力的营商环境高地。上海自贸试验区及临港新片区要充分利用特斯拉审批成功经验,全面复制推广特斯拉审批模式,通过做好四个"减法"和四个"加法",优化审批路径,提高审批效率[①];上海自贸试验区及临港新片区要聚焦企业全生命周期需求,在企业经营活动的准营前、准营中和准营后不同阶段,在企业设立、涉外法律、人才服务、国际贸易、资金流动、基础设施配套、减负降税、创新创业等方面实施综合性营商环境创新工程;上海自贸试验区及临港新片区还要及时总结打造高水平营商环境的经验,对标国际公认竞争力最强的自由贸易园区,建立具有中国特色的营商环境评价指标体系。

上海自贸试验区及临港新片区在加大制度创新力度的同时,还要积极推进探索经验和制度创新成果的复制推广。目前,长三角三省一市都已经建立了自贸试验区。长三角的江浙沪皖自贸试验区和

---

① 四个"减法"是指在办理接口上做"减法"、在申报事项上做"减法"、在审批流程上做"减法"、在建设收费上做"减法",四个"加法"是指在集成服务上做"加法"、在定制"菜单"上做"加法"、在服务力量上做"加法"、在信用管理上做"加法"。

临港新片区可以建立定期联席会议制度，定期沟通拟定制度创新成果在长三角自贸试验区、长三角海关特殊监管区域、长三角整体区域进行不同层次复制推广的清单，并及时提交国务院自由贸易试验区工作部际联席会议审议。自贸试验区制度创新成果的复制推广还可以体现在立法层面。上海自贸试验区及临港新片区可以将体现高质量、一体化和系统集成的制度创新成果及时总结归纳，提供给长三角一体化决策层，争取在长三角三省一市地方性法规的协同立法和修法中加以体现。

2. 引领打造长三角科技创新链

中国共产党第十九届中央委员会第五次全体会议审议通过了《中共中央关于制定国民经济和社会发展第十四个五年规划和二〇三五年远景目标的建议》（以下简称《建议》）。《建议》提出"坚持创新在我国现代化建设全局中的核心地位，把科技自立自强作为国家发展的战略支撑，面向世界科技前沿、面向经济主战场、面向国家重大需求、面向人民生命健康，深入实施科教兴国战略、人才强国战略、创新驱动发展战略，完善国家创新体系，加快建设科技强国"。习近平总书记在浦东开发开放30周年庆祝大会上的讲话中提出，科学技术从来没有像今天这样深刻影响着国家前途命运，从来没有像今天这样深刻影响着人民幸福安康。我国经济社会发展比过去任何时候都更加需要科学技术解决方案，更加需要增强创新这个第一动力。

《纲要》提出，长三角科技创新优势明显。科教资源丰富，拥有上海张江、安徽合肥2个综合性国家科学中心，全国约1/4的"双一流"高校、国家重点实验室、国家工程研究中心。区域创新能力强，年研发经费支出和有效发明专利数均占全国1/3左右，上海、南京、杭州、合肥研发强度均超过3%。科创产业紧密融合，大数据、云计算、物联网、人工智能等新技术与传统产业渗透融合，集成电路和软件信息服务产业规模分别约占全国1/2和1/3，在电子信息、生物医药、高端装备、新能源、新材料等领域形成了一批国际竞争力较强的创新共同体和产业集群。《纲要》也提出，要构建长三角区域创新共同体。

在这个进程中，上海自贸试验区及临港新片区要积极发挥科技创新极的作用，引领打造长三角科技创新链。

上海自贸试验区及临港新片区要面向世界科技前沿、面向经济主战场、面向国家重大需求、面向人民生命健康，找准阻碍科技自主创新的制度痛点和堵点，出台自贸试验区和自主创新示范区叠加的"双自联动"升级版政策和措施。

上海自贸试验区及临港新片区要深入推进科技体制改革，完善科技治理体系，优化科技规划体系和运行机制，推动重点领域项目、基地、人才、资金一体化配置；推进创新企业全生命周期、创新链全链条资源配置自由化和便利化，采取有国际竞争力的财税政策；健全创新激励和保障机制，构建充分体现知识、技术等创新要素价值的收益分配机制，完善科研人员职务发明成果权益分享机制；率先探索创新友好型的经济治理、社会治理、网络治理、创新治理，率先形成具有国际影响力的科技创新中心的创新生态系统。

上海自贸试验区及临港新片区要率先对标高水平国际规则，先行探索国际化、高水平的知识产权保护与创新激励制度和政策。中国与相关国家已经完成谈判的 RCEP、中欧全面投资协议（CAI）中的知识产权条款，其知识产权保护的范围和力度已经强于 WTO 的《与贸易有关的知识产权协定》（TRIPs），而 CPTPP 的知识产权保护条款则进一步扩张了知识产权客体之范围，覆盖了商标、版权、专利、地理标志、商业秘密等，增加了知识产权权利内容，延长了知识产权保护期限，加大了知识产权执法与司法力度。上海自贸试验区及临港新片区要以建设具有国际影响力的科技创新中心为目标，提高知识产权保护规则的国际化程度，加大知识产权执法与司法的力度，切实发挥知识产权保护对科技创新的激励作用。

上海自贸试验区及临港新片区要引领长三角科技创新链，就需要"全力做强创新引擎，打造自主创新新高地"，体现出科技创新的"创新源"，继而产生辐射带动效应。上海自贸试验区及临港新片区要率先落实习近平总书记在浦东开发开放30周年庆祝大会重要讲话中提出的要求，即要在基础科技领域作出大的创新，在关键核心技术领域取得大的突破，更好发挥科技创新策源功能；要优化创新创业生态环境，疏通基础研究、应用研究和产业化双向链接的快车道；要聚焦关键领域发展创新型产业，加快在集成电路、生物医药、人工智能等领域打造世界级产业集群；要深化科技创新体制改革，发挥企业在技术创新中的主体作用，突破一批核心部件、推出一批高端产品、形成一批中国标准；要积极参与、牵头组织国际大科学计划和大科学工程，开展全球科技协同创新。

上海自贸试验区及临港新片区在建设科技创新的"创新源"的同时，还要打造长三角创新链的"策源地"。

上海自贸试验区及临港新片区要加大与长三角在重大科研平台、数据、仪器设备等科技研发资源的共建共享，实现重大科研设施的共用共享；上海自贸试验区及临港新片区要在率先实现5G、区块链、云计算、物联网、车联网、人脸识别等新一代信息技术场景应用的基础上，向长三角各类主体开放应用场景，促进应用成果信息共享；上海自贸试验区及临港新片区要增加与合肥国家综合性科学中心的互动，增强与苏州、南京、杭州等创新城市的合作，共建开放、协同、高效的共性技术研发平台，汇聚资源组织联合攻关，突破关键核心技术"卡脖子"瓶颈。

上海自贸试验区及临港新片区要打造连接杭州湾、扬子江、皖江三大城市群的科技创新网络，推进长三角创新资源共享、创新成果转化、创新产业转移的全面对接。要发挥长三角技术交易市场联盟作用，推动技术交易市场互联互通，共建全球创新成果集散中心；打造长三角技术转移服务平台，实现成果转化项目资金共同投入、技术共同转化、利益共同分享；积极探索"技术+空间""研发+制造"等合作模式，推进上海科创中心协同创新区和科技成果转化基地建设，加强功能型平台对接建设，合力打造长三角科技创新成果转移转化体系[①]。

上海自贸试验区及临港新片区要强化与长三角创新政策的协同。上海自贸试验区及临港新片区要率先探索长三角一体化的人才政策，探索长三角共同积分落户政策，探索建立户口不迁、关系不转、身份不变、双向选择、能出能进的人才柔性流动机制，推进高级专业技术人才和高技能人才的资格、职称互认，为区域高层次人才合理流动创造条件；率先探索建立区域创新收益共享机制，支持设立跨区域、多元主体的产业投资、创业投资、股权投资、科技创新、科技成果转化等母基金，吸引和撬动更多跨区域、多主体的资金参与，鼓励和吸引长三角地区高成长创新企业到上海证券交易所科创板上市融资；加强长三角知识产权保护联合执法。

3. 引领构建世界级产业集群

党的十九大报告明确指出，要加快建设制造强国，促进我国产业迈向全球价值链中高端，培育若干世界级先进制造业集群。《纲要》提出，长三角要围绕电子信息、生物医药、航空航天、高端装备、新材料、节能环保、汽车、绿色化工、纺织服装、智能家电十大领域，强化区域优势产业协作，推动传统产业升级改造，建设一批国家级战略性新兴产业基地，形成若干世界级制造业集群。

经过几十年的发展，长三角地区已经成为国内经济最具活力、开放程度最高、科技创新能力最强、产业体系最完备、要素流动最便捷的区域之一，在若干产业领域已具备世界级的产能优势，具备构建世界级产业集群的基础条件。

---

① 高骞，吴也白，王沛. 构筑上海服务长三角一体化发展国家战略的新优势［J］. 科学发展，2019（10）：51-58.

但前文也已经提到,长三角地区产业呈现"大、全、散"的基本特征,同质化竞争态势比较明显;长三角产业集群跨区域联动一直受到"行政区经济"的不利影响,市场一体化亟待进一步提高;自主核心技术创新能力和水平不强、关键领域受制于人的局面,制约了长三角产业集群的转型升级;与世界级产业集群相比,长三角现有行业龙头企业的全球影响力仍显不足,整合产业链能力方面也明显不足;与世界级产业集群相比,长三角生产性服务业仍滞后于制造业的发展步伐,在服务效率、服务质量、服务成本、产品多样化、集聚程度等方面亟待提升[1]。

构建长三角世界级产业集群,上海自贸试验区及临港新片区要积极发挥引领的作用。

第一是大胆探索市场一体化的制度创新。这个前文已经有所阐述,其核心是突破区域壁垒和体制机制障碍,按照市场化要求共同建立有机统一的长三角一体化大市场,推动资源整合和要素自由有序流动。

第二是推进创新链和产业链的跨区域协同。前文已经提到,上海自贸试验区及临港新片区要引领打造长三角科技创新链。上海自贸试验区及临港新片区还需要引领解决长三角构建世界级产业集群的一个关键性问题,即中心城市创新链与中小城市产业链之间的不匹配问题,促进产业空间深度融合(王振,2020)。这就要求上海自贸试验区及临港新片区要"有所为",更要"有所不为",不能希冀将创新链、产业链、供应链、价值链等全部吸引在片区内集聚。上海自贸试验区及临港新片区要主动走出去,促进中心城市创新链的扩散溢出。上海自贸试验区及临港新片区要探索建立与产业转移承接地间的利益分享机制,切实推进可持续的产业梯度有序转

---

[1] 李娟娟,毕凯军. 共同打造世界级产业集群 构筑长三角竞争新优势[J]. 上海企业,2018(8):23-25.

移；要支持合作建立科技创新成果转化基地，为中小城市注入科技创新成果，同时注入设备、人才和资金等创新资源。

第三是培育世界级产业龙头企业。上海自贸试验区及临港新片区要吸引和培育世界级产业龙头企业在区内发展总部经济、研发经济，助力龙头企业突破卡脖子的关键领域、核心技术，助力龙头企业提升全球竞争力和全球配置资源能力。同时，上海自贸试验区及临港新片区要切实帮助龙头企业跨区域配置创新链和产业链，有效排除在总部集聚区、产业核心承载区、专业化配套集聚区"三区"之间要素流动的体制性障碍，降低产业链配套的制度性成本和商务成本，促进龙头企业发挥在中心城市创新链与中小城市产业链之间的"关键资源配置者"的作用。

第四是促进"微笑曲线"向两端提升。上海自贸试验区及临港新片区要大力发展生产性服务业，推动生产性服务业向国际化、专业化和价值链高端延伸，使具备高端生产要素的生产性服务业嵌入到先进制造业集群中，促进产业集群向全球价值链中高端迈进。上海自贸试验区及临港新片区要大力发展总部经济，助力制造业龙头企业向科创研发、市场营销等价值链两端拓展；上海自贸试验区及临港新片区也要抓住服务业扩大开放、制定和完善服务贸易负面清单等契机，吸引和培育国际化、专业化的研发设计、检验检测、现代金融、现代物流、科技服务、信息服务、电子商务、文化创意、市场营销、财务管理、法律服务、咨询服务等龙头企业，强化对先进制造业转型升级的功能支撑作用，实现二者融合互动发展。

4. 以金融创新带动要素市场一体化

从美国东部大西洋沿岸、欧洲西北部、北美五大湖、英国伦敦城市圈、日本太平洋沿岸等世界级城市群的经验来看，它们都是金融资源高度集聚区，都是以高效的金融体系来促进城市群一体化发展。这些世界级城市群通过加强不同城市金融职能合作，形成了紧密联系的金融地域系统，既孕育出了纽约、法兰克福、芝加哥、伦敦、东京等国际金融中心,又形成了国际金融中心与专业性和区域性金融中心相互竞争、分工合作的格局①。

上海作为长三角世界级城市群的核心城市,已经成为全球重要的国际金融中心。但整体而言,长三角区域金融发展不平衡,金融对长三角一体化的促进和支撑功能没有得到充分体现。作为上海国际金融中心建设主战场的上海自贸试验区及临港新片区,需要以金融创新带动长三角要素市场一体化,在更高起点和更高水平上服务长三角高质量一体化发展。

上海自贸试验区及临港新片区要进一步全面落实全方位、深层次、高水平的金融业对外开放,先行先试放宽金融机构外资持股比例、拓宽外资金融机构业务经营范围等措施,支持符合条件的境外投资者依法设立各类金融机构,保障中外资金融机构依法平等经营;上海自贸试验区及临港新片区要加大压力测试力度,稳步推进资本项目可兑换,探索资本自由流入流出和自由兑换;上海自贸试验区及临港新片区要积极探索自由贸易账户本外币一体化功能的进一步拓展。上海自贸试验区及临港新片区要尽快形成和总结金融开放经验,争取在长三角所有自贸试验区复制推广,争取建立覆盖长三角所有自贸试验区的自由贸易账户体系。

上海自贸试验区及临港新片区要利用政策优势、市场优势和机构优势,积极为长三角提供跨境金融服务。上海自贸试验区及临港新片区要吸引长三角内外资企业在区内设立地区总部或资金运用中心,吸引长三角企业参照国际通行规则依法合规开展跨境金融活动,支持长三角金融机构提供跨境发债、跨境投资并购和跨境资金集中运营等跨境金融服务,支持符合条件的长三角金融机构开展跨境证券投资、跨境保险资产管理等业务。

上海自贸试验区及临港新片区要发挥多层次资本市场作用,促

---

① 郑杨. 金融合作推动长三角一体化发展 [J]. 中国金融,2018 (15): 28-30.

进长三角资本要素市场一体化。上海自贸试验区及临港新片区要支持上海证券交易所在长三角各地设立服务基地，搭建优质企业、科创企业和再融资服务平台；上海自贸试验区及临港新片区要支持上海证券交易所与长三角各地区域性股权市场的对接，探索通过统一交易规则、统一登记结算和统一监管来推动长三角场内外交易市场的互联互通。上海自贸试验区及临港新片区要支持上海证券交易所发行长三角专项建设债券、自贸区债券、资产证券化产品等，为长三角一体化建设提供融资服务。上海自贸试验区及临港新片区要推动长三角绿色金融服务平台一体化建设，在长三角推广应用绿色金融信息管理系统，推动区域环境权益交易市场互联互通，加快建立长三角绿色项目库，支持长三角企业在上海证券交易所发行绿色债券，支持金融机构进行绿色融资和项目增信，先行先试加快绿色认证、评估和评级机构建设，率先构建区域绿色金融体系，引领全国绿色金融发展。上海自贸试验区及临港新片区要支持设立长三角一体化发展的产业投资基金、股权投资基金等母基金，吸引和撬动更多资本投资，同时有效实现利益共享、风险共担。

上海自贸试验区及临港新片区要促进长三角其他要素市场的互联互通。上海自贸试验区及临港新片区要支持上海期货交易所与浙江自贸试验区合作建设油品交割基地，与浙江自贸试验区合作，共同构建"期货与现货""场内与场外""境内与境外""线下与线上"多层次大宗商品交易市场体系[1]。上海自贸试验区及临港新片区要支持建立长三角一体化的知识产权交易市场和科技成果转移转化市场，推进建设长三角一体化的知识产权质押市场，推进科技金融产品在长三角的互认互通。上海自贸试验区及临港新片区要率先为金融企业通过联合贷款、银团贷款、发行集合债等方式满足长三

---

[1] 夏骥. 上海自贸试验区临港新片区引领长三角更高质量一体化发展[J]. 科学发展，2020（3）：61-69.

角跨区域、长周期、大规模融资需求提供支持。

上海自贸试验区及临港新片区要大力推进长三角金融基础设施互联互通。上海自贸试验区及临港新片区要继续支持银行间市场清算所股份有限公司、城银清算服务有限责任公司等清算中心发展，进一步提升长三角金融机构清算效率。上海自贸试验区及临港新片区要推动长三角信用合作示范区建设，率先建设长三角一体化信用信息平台，推进不同单位、不同体系之间信用信息资源共享、归集，推进长三角优质征信机构之间的交流合作，推进征信机构和金融机构的对接，扩大信用产品的应用领域，打造"信用长三角"。上海自贸试验区及临港新片区要探索建立长三角统一的抵押质押制度，推进区域异地存储、信用担保等业务同城化。

上海自贸试验区及临港新片区要大力促进上海自贸试验区境外投资服务联盟与苏州自贸试验区长三角境外投资促进中心、金鸡湖境外投资服务联盟等境外投资服务平台的合作，加强综合服务，提升专业服务，进一步扩大全球伙伴网络，为长三角企业开展跨区域产能合作、海外工程、境外园区投资、境外项目投资、海外并购等业务提供有效的综合服务，有效利用国内外两个市场、两种资源[①]。

上海自贸试验区及临港新片区要利用央行上海总部的优势，先行先试加强长三角金融监管协调与合作，打造长三角金融监管信息共享与服务平台，探索建立跨区域和跨部门的监管协作机制。上海自贸试验区及临港新片区要探索构建长三角一体化的金融风险评价指标体系及统一的金融稳定评估系统，建立一体化的应急反应预案和协同处置机制，防范并化解可能的区域性系统风险，维护长三角金融稳定，保证一体化高质量发展的金融安全[②]。

---

① 夏骥. 上海自贸试验区临港新片区引领长三角更高质量一体化发展[J]. 科学发展, 2020（3）: 61-69.

② 黄国平, 方龙. 推动金融服务长三角高质量发展[J]. 中国金融, 2020（14）: 92-93.

5. 促进各类区域深度融合

进入 21 世纪以来，随着高速公路网和跨江跨海大桥的加快建设，随着各地工业化、城市化水平的加快提升，长三角地区进入同城化发展时代。而最近几年，随着高铁网的密织、产业链空间分布的扩散、跨地区就业养老的普遍化以及各地对共享中心城市优质公共服务的更强期盼，长三角地区开始进入深度同城化发展阶段[①]。《纲要》专门提出，加强自由贸易试验区与海关特殊监管区域、经济技术开发区联动，放大自由贸易试验区辐射带动效应。上海自贸试验区及临港新片区要促进长三角各类区域的深度融合。

上海自贸试验区及临港新片区要进一步加强联动和整合，促进长三角世界级网络枢纽建设。这里的网络既包括海运、航空、铁路、公路、管道等"硬"网络，也包括信息、数据等"软"网络。

上海市要加强与浙江省的协调和联动，在加快建设小洋山北侧集装箱支线码头等项目的同时，研究以股份合作方式开发大洋山深水港，协同发展集装箱物流服务、中转集拼及转口贸易服务、国际采购和分拨配送业务等。上海市要在国家相关部门支持下，加快研究和实施长三角"组合港"战略，上海自贸试验区临港新片区要积极参与沿江沿海港口集团交叉持股，探索建立长三角港务集团，建设涵盖上海、南通、连云港、宁波、舟山等沿海港口，以及南京、苏州、镇江等沿江港口的国际综合枢纽港口群。上海市要在国家相关部门支持下，优化以上海为中心的长三角空域航线和航班资源分配，共同发展外向化、高端化的航权经济。上海自贸试验区临港新片区要依托上海机场集团，通过服务输出、委托管理、投资管理等市场化方式，加强与长三角周边机场合作，推动形成一批与上海国

---

① 王振. "十四五"时期长三角一体化的趋势与突破路径——基于建设现代化国家战略背景的思考［J］. 江海学刊，2020（2）：82-88.

际航空枢纽相配套的"喂给"机场,形成比肩国际水平的世界级枢纽航空网络[①]。上海自贸试验区及临港新片区要推进建设长三角多式联运中心,推动建立对接长三角船舶动态信息和主要港口作业信息、航空货运信息和主要空港作业信息、铁路货物载运信息、长途公路运输信息、内河航运信息等在内的综合信息平台,推动各式运输载货清单(舱单)信息和运输工具动态信息交换共享,率先探索建立多式联运"一单制"为核心的系统集成。上海自贸试验区临港新片区要加强与苏州、连云港、义乌、温州等区域对接,积极推动长三角的中欧班列从"单打独斗"转向"集团共享",推动共享海外物流基地,避免重复和同质化竞争,提高班列双向常态化运行效益。

上海自贸试验区及临港新片区要充分挖掘和利用临港国际海缆登陆站的资源优势,推动成为上海国际信息通信枢纽港的综合试验区。要尽快打造和提升联接临港与长三角的骨干光缆网络,建设临港至杭州、苏州、南京、合肥等地的直达链路,配套建设超高速传输系统,实现长三角信息通信超高速连接和智能调度。上海自贸试验区及临港新片区要率先打造国际领先的跨行业、跨领域工业互联网,同时构建长三角工业互联网公共服务平台,合力打造长三角工业互联网标识解析体系。上海自贸试验区及临港新片区要与长三角协同推进5G网络融合设施建设,扩大规模技术试验网,加快边缘计算节点规划布局,优化长三角物联网、车联网基础网络布局。要进一步推动上海大数据中心和苏浙皖各地大数据管理机构的对接,逐步统一各地数据接口标准,建立区域间政务数据交换通道,协同推进智慧城市网络建设。

上海自贸试验区及临港新片区要加强与苏浙皖自贸试验区的联

---

① 王丹. 上海国际航运中心建设目标评估及未来方向[J]. 科学发展,2020(5):40-52.

动协同。长三角三省一市的自贸试验区要加强差别化探索，加强在各自"自选动作"领域的先行先试。比如，上海自贸试验区临港新片区要致力于打造更具国际市场影响力和竞争力的特殊综保区和特殊经济功能区，推进制度创新由"投资贸易便利化"向"投资贸易自由化"升级；浙江自贸试验区要抓住扩区的契机，着力打造以油气为核心的大宗商品资源配置基地、新型国际贸易中心、国际航运和物流枢纽、数字经济发展示范区和先进制造业集聚区；江苏自贸试验区着力打造开放型经济发展先行区、实体经济创新发展和产业转型升级示范区；安徽自贸试验区致力于推动科技创新和实体经济发展深度融合，加快推进科技创新策源地建设、先进制造业和战略性新兴产业集聚发展，形成内陆开放新高地。在差别化探索的基础上，三省一市自贸试验区要建立和完善联席会议制度，通过国务院自由贸易试验区工作部际联席会议，加快推进三省一市自贸试验区制度创新和政策供给的复制推广。

上海自贸试验区及临港新片区要加快推进三省一市自贸试验区在国际贸易单一窗口、商事登记单一窗口、境外投资服务平台、长三角高质量通关一体化、自由贸易账户系统、"一单式"多式联运系统等方面的互联互通，促进系统集成；上海自贸试验区及临港新片区要加快推进三省一市自贸试验区在服务贸易负面清单、事中事后监管体系、大数据管理等领域的协调，出台统一的规则和标准；上海自贸试验区及临港新片区要加快推进三省一市自贸试验区在生物医药、集成电路、油气产业、人工智能、先进制造等产业的政策协同，争取让企业真正享受覆盖全产业链的、跨区域的、有国际竞争力的政策支持。

上海自贸试验区及临港新片区要促进长三角园区的联动。前文已经提到，上海自贸试验区及临港新片区要加强促进长三角一体化、实现长三角要素自由流动的制度创新。而承担要素自由流动，实现创新链、价值链、产业链优化配置，实现功能优势升级的主要主体是各类开发区、高新区等园区。2017年，长三角地区各类开发区达到456个，其中国家级开发区为140个，包括国家级经开区65个，国家级高新区32个，特殊监管区43个，省级开发区316个。从数量上来说，长三角的国家级开发区占全国27.45%，省级开发区占全国15.87%；平均每个城市拥有3.6个国家级开发区、7.8个省级开发区[①]。上海自贸试验区及临港新片区要总结张江高科技园区在上海市内"一区多园"的成功经验，把区内的国家级开发区、高新区打造成为长三角一体化的资源整合者，支持和鼓励区内的国家级开发区、高新区要么"走进"长三角，要么与长三角的开发区和高新区合作，通过主导设立或联合设立区域合作发展示范区、自主创新拓展区、产业功能提升承载区等，发挥溢出、辐射和带动效应，创新产业转移共享机制，促进市场主体优化配置，实现长三角园区的深度互动和融合。

---

① 曾刚. 长三角一体化三个重点发力方向——顶层行政体制设计、生态联合管控与开发区合作 [N/OL]. 上观新闻, 2019-4-1.

# 附录1
# 中国（上海）自由贸易试验区总体方案[①]

建立中国（上海）自由贸易试验区（以下简称试验区）是党中央、国务院作出的重大决策，是深入贯彻党的十八大精神，在新形势下推进改革开放的重大举措。为全面有效推进试验区工作，制定本方案。

## 一、总体要求

试验区肩负着我国在新时期加快政府职能转变、积极探索管理模式创新、促进贸易和投资便利化，为全面深化改革和扩大开放探索新途径、积累新经验的重要使命，是国家战略需要。

（一）指导思想。

高举中国特色社会主义伟大旗帜，以邓小平理论、"三个代表"重要思想、科学发展观为指导，紧紧围绕国家战略，进一步解放思想，坚持先行先试，以开放促改革、促发展，率先建立符合国际化和法治化要求的跨境投资和贸易规则体系，使试验区成为我国进一

---

① 根据国务院 2013 年 9 月 18 日发布的国发〔2013〕38 号文抄录。

步融入经济全球化的重要载体，打造中国经济升级版，为实现中华民族伟大复兴的中国梦作出贡献。

（二）总体目标。

经过两至三年的改革试验，加快转变政府职能，积极推进服务业扩大开放和外商投资管理体制改革，大力发展总部经济和新型贸易业态，加快探索资本项目可兑换和金融服务业全面开放，探索建立货物状态分类监管模式，努力形成促进投资和创新的政策支持体系，着力培育国际化和法治化的营商环境，力争建设成为具有国际水准的投资贸易便利、货币兑换自由、监管高效便捷、法制环境规范的自由贸易试验区，为我国扩大开放和深化改革探索新思路和新途径，更好地为全国服务。

（三）实施范围。

试验区的范围涵盖上海外高桥保税区、上海外高桥保税物流园区、洋山保税港区和上海浦东机场综合保税区等4个海关特殊监管区域，并根据先行先试推进情况以及产业发展和辐射带动需要，逐步拓展实施范围和试点政策范围，形成与上海国际经济、金融、贸易、航运中心建设的联动机制。

## 二、主要任务和措施

紧紧围绕面向世界、服务全国的战略要求和上海"四个中心"建设的战略任务，按照先行先试、风险可控、分步推进、逐步完善的方式，把扩大开放与体制改革相结合、把培育功能与政策创新相结合，形成与国际投资、贸易通行规则相衔接的基本制度框架。

（一）加快政府职能转变。

1. 深化行政管理体制改革。加快转变政府职能，改革创新政府管理方式，按照国际化、法治化的要求，积极探索建立与国际高标准投资和贸易规则体系相适应的行政管理体系，推进政府管理由注重事先审批转为注重事中、事后监管。建立一口受理、综合审批和高效运作的服务模式，完善信息网络平台，实现不同部门的协同管理机制。建立行业信息跟踪、监管和归集的综合性评估机制，加强对试验区内企业在区外经营活动全过程的跟踪、管理和监督。建立集中统一的市场监管综合执法体系，在质量技术监督、食品药品监管、知识产权、工商、税务等管理领域，实现高效监管，积极鼓励社会力量参与市场监督。提高行政透明度，完善体现投资者参与、符合国际规则的信息公开机制。完善投资者权益有效保障机制，实现各类投资主体的公平竞争，允许符合条件的外国投资者自由转移其投资收益。建立知识产权纠纷调解、援助等解决机制。

（二）扩大投资领域的开放。

2. 扩大服务业开放。选择金融服务、航运服务、商贸服务、专业服务、文化服务以及社会服务领域扩大开放，暂停或取消投资者资质要求、股比限制、经营范围限制等准入限制措施（银行业机构、信息通信服务除外），营造有利于各类投资者平等准入的市场环境。

3. 探索建立负面清单管理模式。借鉴国际通行规则，对外商投资试行准入前国民待遇，研究制订试验区外商投资与国民待遇等不符的负面清单，改革外商投资管理模式。对负面清单之外的领域，按照内外资一致的原则，将外商投资项目由核准制改为备案制（国务院规定对国内投资项目保留核准的除外），由上海市负责办理；将外商投资企业合同章程审批改为由上海市负责备案管理，备案后按国家有关规定办理相关手续；工商登记与商事登记制度改革相衔接，逐步优化登记流程；完善国家安全审查制度，在试验区内试点开展涉及外资的国家安全审查，构建安全高效的开放型经济体系。在总结试点经验的基础上，逐步形成与国际接轨的外商投资管理制度。

4. 构筑对外投资服务促进体系。改革境外投资管理方式，对境外投资开办企业实行以备案制为主的管理方式，对境外投资一般项目实行备案制，由上海市负责备案管理，提高境外投资便利化程度。创新投资服务促进机制，加强境外投资事后管理和服务，形成多部门共享的信息监测平台，做好对外直接投资统计和年检工作。支持试验区内各类投资主体开展多种形式的境外投资。鼓励在试验区设立专业从事境外股权投资的项目公司，支持有条件的投资者设立境外投资股权投资母基金。

（三）推进贸易发展方式转变。

5. 推动贸易转型升级。积极培育贸易新型业态和功能，形成以技术、品牌、质量、服务为核心的外贸竞争新优势，加快提升我国在全球贸易价值链中的地位。鼓励跨国公司建立亚太地区总部，建立整合贸易、物流、结算等功能的营运中心。深化国际贸易结算中心试点，拓展专用账户的服务贸易跨境收付和融资功能。支持试验区内企业发展离岸业务。鼓励企业统筹开展国际国内贸易，实现内外贸一体化发展。探索在试验区内设立国际大宗商品交易和资源配置平台，开展能源产品、基本工业原料和大宗农产品的国际贸易。扩大完善期货保税交割试点，拓展仓单质押融资等功能。加快对外文化贸易基地建设。推动生物医药、软件信息、管理咨询、数据服务等外包业务发展。允许和支持各类融资租赁公司在试验区内设立项目子公司并开展境内外租赁服务。鼓励设立第三方检验鉴定机构，按照国际标准采信其检测结果。试点开展境内外高技术、高附加值的维修业务。加快培育跨境电子商务服务功能，试点建立与之相适应的海关监管、检验检疫、退税、跨境支付、物流等支撑系统。

6. 提升国际航运服务能级。积极发挥外高桥港、洋山深水港、浦东空港国际枢纽港的联动作用，探索形成具有国际竞争力的航运发展制度和运作模式。积极发展航运金融、国际船舶运输、国际船舶管理、国际航运经纪等产业。加快发展航运运价指数衍生品交易业务。推动中转集拼业务发展,允许中资公司拥有或控股拥有的非五星旗船,先行先试外贸进出口集装箱在国内沿海港口和上海港之间的沿海捎带业务。支持浦东机场增加国际中转货运航班。充分发挥上海的区域优势,利用中资"方便旗"船税收优惠政策,促进符合条件的船舶在上海落户登记。在试验区实行已在天津试点的国际船舶登记政策。简化国际船舶运输经营许可流程,形成高效率的船籍登记制度。

(四)深化金融领域的开放创新。

7. 加快金融制度创新。在风险可控前提下,可在试验区内对人民币资本项目可兑换、金融市场利率市场化、人民币跨境使用等方面创造条件进行先行先试。在试验区内实现金融机构资产方价格实行市场化定价。探索面向国际的外汇管理改革试点,建立与自由贸易试验区相适应的外汇管理体制,全面实现贸易投资便利化。鼓励企业充分利用境内外两种资源、两个市场,实现跨境融资自由化。深化外债管理方式改革,促进跨境融资便利化。深化跨国公司总部外汇资金集中运营管理试点,促进跨国公司设立区域性或全球性资金管理中心。建立试验区金融改革创新与上海国际金融中心建设的联动机制。

8. 增强金融服务功能。推动金融服务业对符合条件的民营资本和外资金融机构全面开放,支持在试验区内设立外资银行和中外合资银行。允许金融市场在试验区内建立面向国际的交易平台。逐步允许境外企业参与商品期货交易。鼓励金融市场产品创新。支持股权托管交易机构在试验区内建立综合金融服务平台。支持开展人民币跨境再保险业务,培育发展再保险市场。

(五)完善法制领域的制度保障。

9. 完善法制保障。加快形成符合试验区发展需要的高标准投资和贸易规则体系。针对试点内容,需要停止实施有关行政法规和国务院文件的部分规定的,按规定程序办理。其中,经全国人民代表大会常务委员会授权,暂时调整《中华人民共和国外资企业法》、《中华人民共和国中外合资经营企业法》和《中华人民共和国中外合作经营企业法》规定的有关行政审批,自2013年10月1日起在三年内试行。各部门要支持试验区在服务业扩大开放、实施准入前国民待遇和负面清单管理模式等方面深化改革试点,及时解决试点过程中的制度保障问题。上海市要通过地方立法,建立与试点要求相适应的试验区管理制度。

## 三、营造相应的监管和税收制度环境

适应建立国际高水平投资和贸易服务体系的需要,创新监管模式,促进试验区内货物、服务等各类要素自由流动,推动服务业扩大开放和货物贸易深入发展,形成公开、透明的管理制度。同时,在维护现行税制公平、统一、规范的前提下,以培育功能为导向,完善相关政策。

(一)创新监管服务模式。

1. 推进实施"一线放开"。允许企业凭进口舱单将货物直接入区,再凭进境货物备案清单向主管海关办理申报手续,探索简化进出境备案清单,简化国际中转、集拼和分拨等业务进出境手续;实行"进境检疫,适当放宽进出口检验"模式,创新监管技术和方法。探索构建相对独立的以贸易便利化为主的货物贸易区域和以扩大服务领域开放为主的服务贸易区域。在确保有效监管的前提下,探索建立货物状态分类监管模式。深化功能拓展,在严格执行货物进出口税收政策的前提下,允许在特定区域设立保税展示交易平台。

2. 坚决实施"二线安全高效管住"。优化卡口管理,加强电子信息联网,通过进出境清单比对、账册管理、卡口实货核注、风险分析等加强监管,促进二线监管模式与一线监管模式相衔接,推行

"方便进出,严密防范质量安全风险"的检验检疫监管模式。加强电子账册管理,推动试验区内货物在各海关特殊监管区域之间和跨关区便捷流转。试验区内企业原则上不受地域限制,可到区外再投资或开展业务,如有专项规定要求办理相关手续,仍应按照专项规定办理。推进企业运营信息与监管系统对接。通过风险监控、第三方管理、保证金要求等方式实行有效监管,充分发挥上海市诚信体系建设的作用,加快形成企业商务诚信管理和经营活动专属管辖制度。

3. 进一步强化监管协作。以切实维护国家安全和市场公平竞争为原则,加强各有关部门与上海市政府的协同,提高维护经济社会安全的服务保障能力。试验区配合国务院有关部门严格实施经营者集中反垄断审查。加强海关、质检、工商、税务、外汇等管理部门的协作。加快完善一体化监管方式,推进组建统一高效的口岸监管机构。探索试验区统一电子围网管理,建立风险可控的海关监管机制。

(二)探索与试验区相配套的税收政策。

4. 实施促进投资的税收政策。注册在试验区内的企业或个人股东,因非货币性资产对外投资等资产重组行为而产生的资产评估增值部分,可在不超过5年期限内,分期缴纳所得税。对试验区内企业以股份或出资比例等股权形式给予企业高端人才和紧缺人才的奖励,实行已在中关村等地区试点的股权激励个人所得税分期纳税政策。

5. 实施促进贸易的税收政策。将试验区内注册的融资租赁企业或金融租赁公司在试验区内设立的项目子公司纳入融资租赁出口退税试点范围。对试验区内注册的国内租赁公司或租赁公司设立的项目子公司,经国家有关部门批准从境外购买空载重量在25吨以上并租赁给国内航空公司使用的飞机,享受相关进口环节增值税优惠政策。对设在试验区内的企业生产、加工并经"二线"销往内地的货物照章征收进口环节增值税、消费税。根据企业申请，试行对该内销货物按其对应进口料件或按实际报验状态征收关税的政策。在现行政策框架下，对试验区内生产企业和生产性服务业企业进口所需的机器、设备等货物予以免税，但生活性服务业等企业进口的货物以及法律、行政法规和相关规定明确不予免税的货物除外。完善启运港退税试点政策，适时研究扩大启运地、承运企业和运输工具等试点范围。

此外，在符合税制改革方向和国际惯例，以及不导致利润转移和税基侵蚀的前提下，积极研究完善适应境外股权投资和离岸业务发展的税收政策。

## 四、扎实做好组织实施

国务院统筹领导和协调试验区推进工作。上海市要精心组织实施，完善工作机制，落实工作责任，根据《方案》明确的目标定位和先行先试任务，按照"成熟的可先做，再逐步完善"的要求，形成可操作的具体计划，抓紧推进实施，并在推进过程中认真研究新情况、解决新问题，重大问题要及时向国务院请示报告。各有关部门要大力支持，积极做好协调配合、指导评估等工作，共同推进相关体制机制和政策创新，把试验区建设好、管理好。

附录2
# 进一步深化中国（上海）自由贸易试验区改革开放方案①

中国（上海）自由贸易试验区（以下简称自贸试验区）运行以来，围绕加快政府职能转变，推动体制机制创新，营造国际化、市场化、法治化营商环境等积极探索，取得了重要阶段性成果。为贯彻落实党中央、国务院关于进一步深化自贸试验区改革开放的要求，深入推进《中国（上海）自由贸易试验区总体方案》确定的各项任务，制定本方案。

## 一、总体要求

（一）指导思想。

全面贯彻落实党的十八大和十八届二中、三中、四中全会精神，按照党中央、国务院决策部署，紧紧围绕国家战略，进一步解放思想，坚持先行先试，把制度创新作为核心任务，把防控风险作为重要底线，把企业作为重要主体，以开放促改革、促发展，加快政府职能转变，在更广领域和更大空间积极探索以制度创新推动全面深化改革

---

① 根据国务院2015年4月8日发布的国发〔2015〕21号文抄录。

的新路径,率先建立符合国际化、市场化、法治化要求的投资和贸易规则体系,使自贸试验区成为我国进一步融入经济全球化的重要载体,推动"一带一路"建设和长江经济带发展,做好可复制可推广经验总结推广,更好地发挥示范引领、服务全国的积极作用。

(二)发展目标。

按照党中央、国务院对自贸试验区"继续积极大胆闯、大胆试、自主改"、"探索不停步、深耕试验区"的要求,深化完善以负面清单管理为核心的投资管理制度、以贸易便利化为重点的贸易监管制度、以资本项目可兑换和金融服务业开放为目标的金融创新制度、以政府职能转变为核心的事中事后监管制度,形成与国际投资贸易通行规则相衔接的制度创新体系,充分发挥金融贸易、先进制造、科技创新等重点功能承载区的辐射带动作用,力争建设成为开放度最高的投资贸易便利、货币兑换自由、监管高效便捷、法制环境规范的自由贸易园区。

(三)实施范围。

自贸试验区的实施范围120.72平方公里,涵盖上海外高桥保税区、上海外高桥保税物流园区、洋山保税港区、上海浦东机场综合保税区4个海关特殊监管区域(28.78平方公里)以及陆家嘴金融片区(34.26平方公里)、金桥开发片区(20.48平方公里)、张江高科技片区(37.2平方公里)。

自贸试验区土地开发利用须遵守土地利用法律法规。浦东新区要加大自主改革力度,加快政府职能转变,加强事中事后监管等管理模式创新,加强与上海国际经济、金融、贸易、航运中心建设的联动机制。

## 二、主要任务和措施

(一)加快政府职能转变。

1.完善负面清单管理模式。推动负面清单制度成为市场准入管理的主要方式，转变以行政审批为主的行政管理方式，制定发布政府权力清单和责任清单，进一步厘清政府和市场的关系。强化事中事后监管，推进监管标准规范制度建设，加快形成行政监管、行业自律、社会监督、公众参与的综合监管体系。

2. 加强社会信用体系应用。完善公共信用信息目录和公共信用信息应用清单，在市场监管、城市管理、社会治理、公共服务、产业促进等方面，扩大信用信息和信用产品应用，强化政府信用信息公开，探索建立采信第三方信用产品和服务的制度安排。支持信用产品开发，促进征信市场发展。

3. 加强信息共享和服务平台应用。加快以大数据中心和信息交换枢纽为主要功能的信息共享和服务平台建设，扩大部门间信息交换和应用领域，逐步统一信息标准，加强信息安全保障，推进部门协同管理，为加强事中事后监管提供支撑。

4. 健全综合执法体系。明确执法主体以及相对统一的执法程序和文书，建立联动联勤平台，完善网上执法办案系统。健全城市管理、市场监督等综合执法体系，建立信息共享、资源整合、执法联动、措施协同的监管工作机制。

5. 健全社会力量参与市场监督制度。通过扶持引导、购买服务、制定标准等制度安排，支持行业协会和专业服务机构参与市场监督。探索引入第三方专业机构参与企业信息审查等事项，建立社会组织与企业、行业之间的服务对接机制。充分发挥自贸试验区社会参与委员会作用，推动行业组织诚信自律。试点扩大涉外民办非企业单位登记范围。支持全国性、区域性行业协会入驻，探索引入竞争机制，在规模较大、交叉的行业以及新兴业态中试行"一业多会、适度竞争"。

6. 完善企业年度报告公示和经营异常名录制度。根据《企业信息公示暂行条例》，完善企业年度报告公示实施办法。采取书面检查、实地核查、网络监测、大数据比对等方式，对自贸试验区内企业年报公示信息进行抽查,依法将抽查结果通过企业信用信息公示系统向社会公示,营造企业自律环境。

7. 健全国家安全审查和反垄断审查协助工作机制。建立地方参与国家安全审查和反垄断审查的长效机制,配合国家有关部门做好相关工作。在地方事权范围内,加强相关部门协作,实现信息互通、协同研判、执法协助,进一步发挥自贸试验区在国家安全审查和反垄断审查工作中的建议申报、调查配合、信息共享等方面的协助作用。

8. 推动产业预警制度创新。配合国家有关部门试点建立与开放市场环境相匹配的产业预警体系,及时发布产业预警信息。上海市人民政府可选择重点敏感产业,通过实施技术指导、员工培训等政策,帮助企业克服贸易中遇到的困难,促进产业升级。

9. 推动信息公开制度创新。提高行政透明度,主动公开自贸试验区相关政策内容、管理规定、办事程序等信息,方便企业查询。对涉及自贸试验区的地方政府规章和规范性文件,主动公开草案内容,接受公众评论,并在公布和实施之间预留合理期限。实施投资者可以提请上海市人民政府对自贸试验区管理委员会制定的规范性文件进行审查的制度。

10. 推动公平竞争制度创新。严格环境保护执法,建立环境违法法人"黑名单"制度。加大宣传培训力度,引导自贸试验区内企业申请环境能源管理体系认证和推进自评价工作,建立长效跟踪评价机制。

11. 推动权益保护制度创新。完善专利、商标、版权等知识产权行政管理和执法体制机制,完善司法保护、行政监管、仲裁、第三方调解等知识产权纠纷多元解决机制,完善知识产权工作社会参与机制。优化知识产权发展环境,集聚国际知识产权资源,推进上海亚太知识产权中心建设。进一步对接国际商事争议解决规则,优化自贸试验区仲裁规则,支持国际知名商事争议解决机构入驻,提高商事纠纷仲裁国际化程度。探索建立全国性的自贸试验区仲裁法律服务联盟和亚太仲裁机构交流合作机制,加快打造面向全球的亚太仲裁中心。

12. 深化科技创新体制机制改革。充分发挥自贸试验区和国家自主创新示范区政策叠加优势,全面推进知识产权、科研院所、高等教育、人才流动、国际合作等领域体制机制改革,建立积极灵活的创新人才发展制度,健全企业主体创新投入制度,建立健全财政资金支持形成的知识产权处置和收益机制,建立专利导航产业发展工作机制,构建市场导向的科技成果转移转化制度,完善符合创新规律的政府管理制度,推动形成创新要素自由流动的开放合作新局面,在投贷联动金融服务模式创新、技术类无形资产入股、发展新型产业技术研发组织等方面加大探索力度,加快建设具有全球影响力的科技创新中心。

(二)深化与扩大开放相适应的投资管理制度创新。

13. 进一步扩大服务业和制造业等领域开放。探索实施自贸试验区外商投资负面清单制度,减少和取消对外商投资准入限制,提高开放度和透明度。自贸试验区已试点的对外开放措施适用于陆家嘴金融片区、金桥开发片区和张江高科技片区。根据国家对外开放战略要求,在服务业和先进制造业等领域进一步扩大开放。在严格遵照全国人民代表大会常务委员会授权的前提下,自贸试验区部分对外开放措施和事中事后监管措施辐射到整个浦东新区,涉及调整行政法规、国务院文件和经国务院批准的部门规章的部分规定的,按规定程序办理。

14. 推进外商投资和境外投资管理制度改革。对外商投资准入特别管理措施(负面清单)之外领域,按照内外资一致原则,外商投资项目实行备案制(国务院规定对国内投资项目保留核准的除外);根据全国人民代表大会常务委员会授权,将外商投资企业设立、变更及合同章程审批改为备案管理,备案后按国家有关规定办理相关手续。对境外投资项目和境外投资开办企业实行以备案制为主的管理方式,建立完善境外投资服务促进平台。试点建立境外融资与跨境资金流动宏观审慎管理政策框架,支持企业开展国际商业贷款等各类境外融资活动。统一内外资企业外债政策,建立健全外债宏观审慎管理制度。

15. 深化商事登记制度改革。探索企业登记住所、企业名称、经营范围登记等改革,开展集中登记试点。推进"先照后证"改革。探索许可证清单管理模式。简化和完善企业注销流程,试行对个体工商户、未开业企业、无债权债务企业实行简易注销程序。

16. 完善企业准入"单一窗口"制度。加快企业准入"单一窗口"从企业设立向企业工商变更、统计登记、报关报检单位备案登记等环节拓展,逐步扩大"单一窗口"受理事项范围。探索开展电子营业执照和企业登记全程电子化试点工作。探索实行工商营业执照、组织机构代码证和税务登记证"多证联办"或"三证合一"登记制度。

(三)积极推进贸易监管制度创新。

17. 在自贸试验区内的海关特殊监管区域深化"一线放开"、"二线安全高效管住"贸易便利化改革。推进海关特殊监管区域整合优化,完善功能。加快形成贸易便利化创新举措的制度规范,覆盖到所有符合条件的企业。加强口岸监管部门联动,规范并公布通关作业时限。鼓励企业参与"自主报税、自助通关、自动审放、重点稽核"等监管制度创新试点。

18. 推进国际贸易"单一窗口"建设。完善国际贸易"单一窗口"的货物进出口和运输工具进出境的应用功能,进一步优化口岸监管执法流程和通关流程,实现贸易许可、支付结算、资质登记等平台功能,将涉及贸易监管的部门逐步纳入"单一窗口"管理平台。探索长三角区域国际贸易"单一窗口"建设,推动长江经济带通关一体化。

19. 统筹研究推进货物状态分类监管试点。按照管得住、成本和风险可控原则，规范政策，创新监管模式，在自贸试验区内的海关特殊监管区域统筹研究推进货物状态分类监管试点。

20. 推动贸易转型升级。推进亚太示范电子口岸网络建设。加快推进大宗商品现货市场和资源配置平台建设，强化监管、创新制度、探索经验。深化贸易平台功能，依法合规开展文化版权交易、艺术品交易、印刷品对外加工等贸易，大力发展知识产权专业服务业。推动生物医药、软件信息等新兴服务贸易和技术贸易发展。按照公平竞争原则，开展跨境电子商务业务，促进上海跨境电子商务公共服务平台与境内外各类企业直接对接。统一内外资融资租赁企业准入标准、审批流程和事中事后监管制度。探索融资租赁物登记制度，在符合国家规定前提下开展租赁资产交易。探索适合保理业务发展的境外融资管理新模式。稳妥推进外商投资典当行试点。

21. 完善具有国际竞争力的航运发展制度和运作模式。建设具有较强服务功能和辐射能力的上海国际航运中心，不断提高全球航运资源配置能力。加快国际船舶登记制度创新，充分利用现有中资"方便旗"船税收优惠政策，促进符合条件的船舶在上海落户登记。扩大国际中转集拼业务，拓展海运国际中转集拼业务试点范围，打造具有国际竞争力的拆、拼箱运作环境，实现洋山保税港区、外高桥保税物流园区集装箱国际中转集拼业务规模化运作；拓展浦东机场货邮中转业务，增加国际中转集拼航线和试点企业，在完善总运单拆分国际中转业务基础上，拓展分运单集拼国际中转业务。优化沿海捎带业务监管模式，提高中资非五星旗船沿海捎带业务通关效率。推动与旅游业相关的邮轮、游艇等旅游运输工具出行便利化。在符合国家规定前提下，发展航运运价衍生品交易业务。深化多港区联动机制，推进外高桥港、洋山深水港、浦东空港国际枢纽港联动发展。符合条件的地区可按规定申请实施境外旅客购物离境退税政策。

（四）深入推进金融制度创新。

22. 加大金融创新开放力度，加强与上海国际金融中心建设的联动。具体方案由人民银行会同有关部门和上海市人民政府另行报批。

（五）加强法制和政策保障。

23. 健全法制保障体系。全国人民代表大会常务委员会已经授权国务院，在自贸试验区扩展区域暂时调整《中华人民共和国外资企业法》、《中华人民共和国中外合资经营企业法》、《中华人民共和国中外合作经营企业法》和《中华人民共和国台湾同胞投资保护法》规定的有关行政审批；扩展区域涉及《国务院关于在中国（上海）自由贸易试验区内暂时调整有关行政法规和国务院文件规定的行政审批或者准入特别管理措施的决定》（国发〔2013〕51号）和《国务院关于在中国（上海）自由贸易试验区内暂时调整实施有关行政法规和经国务院批准的部门规章规定的准入特别管理措施的决定》（国发〔2014〕38号）暂时调整实施有关行政法规、国务院文件和经国务院批准的部门规章的部分规定的，按规定程序办理；自贸试验区需要暂时调整实施其他有关行政法规、国务院文件和经国务院批准的部门规章的部分规定的，按规定程序办理。加强地方立法，对试点成熟的改革事项，适时将相关规范性文件上升为地方性法规和规章。建立自贸试验区综合法律服务窗口等司法保障和服务体系。

24. 探索适应企业国际化发展需要的创新人才服务体系和国际人才流动通行制度。完善创新人才集聚和培育机制，支持中外合作人才培训项目发展，加大对海外人才服务力度，提高境内外人员出入境、外籍人员签证和居留、就业许可、驾照申领等事项办理的便利化程度。

25. 研究完善促进投资和贸易的税收政策。自贸试验区内的海关特殊监管区域实施范围和税收政策适用范围维持不变。在符合税制改革方向和国际惯例,以及不导致利润转移和税基侵蚀前提下,调整完善对外投资所得抵免方式;研究完善适用于境外股权投资和离岸业务的税收制度。

## 三、扎实做好组织实施

在国务院的领导和协调下,由上海市根据自贸试验区的目标定位和先行先试任务,精心组织实施,调整完善管理体制和工作机制,形成可操作的具体计划。对出现的新情况、新问题,认真研究,及时调整试点内容和政策措施,重大事项及时向国务院请示报告。各有关部门要继续给予大力支持,加强指导和服务,共同推进相关体制机制创新,把自贸试验区建设好、管理好。

附录 3

# 全面深化中国(上海)自由贸易试验区改革开放方案①

建设中国(上海)自由贸易试验区(以下简称自贸试验区)是党中央、国务院在新形势下全面深化改革和扩大开放的战略举措。自贸试验区建设三年多来取得重大进展,总体达到预期目标。为贯彻落实党中央、国务院决策部署,对照国际最高标准、最好水平的自由贸易区,全面深化自贸试验区改革开放,加快构建开放型经济新体制,在新一轮改革开放中进一步发挥引领示范作用,制定本方案。

## 一、总体要求

(一)指导思想。全面贯彻党的十八大和十八届三中、四中、五中、六中全会精神,深入贯彻习近平总书记系列重要讲话精神和治国理政新理念新思想新战略,认真落实党中央、国务院决策部署,统筹推进"五位一体"总体布局和协调推进"四个全面"战略布局,坚持稳中求进工作总基调,坚定践行新发展理念,坚持以

---

① 根据国务院 2017 年 3 月 30 日发布的国发〔2017〕23 号文抄录。

制度创新为核心，继续解放思想、勇于突破、当好标杆，进一步对照国际最高标准、查找短板弱项，大胆试、大胆闯、自主改，坚持全方位对外开放，推动贸易和投资自由化便利化，加大压力测试，切实有效防控风险，以开放促改革、促发展、促创新；进一步加强与上海国际金融中心和具有全球影响力的科技创新中心建设的联动，不断放大政策集成效应，主动服务"一带一路"建设和长江经济带发展，形成经济转型发展新动能和国际竞争新优势；更大力度转变政府职能，加快探索一级地方政府管理体制创新，全面提升政府治理能力；发挥先发优势，加强改革系统集成，力争取得更多可复制推广的制度创新成果，进一步彰显全面深化改革和扩大开放试验田作用。

（二）建设目标。到2020年，率先建立同国际投资和贸易通行规则相衔接的制度体系，把自贸试验区建设成为投资贸易自由、规则开放透明、监管公平高效、营商环境便利的国际高标准自由贸易园区，健全各类市场主体平等准入和有序竞争的投资管理体系、促进贸易转型升级和通关便利的贸易监管服务体系、深化金融开放创新和有效防控风险的金融服务体系、符合市场经济规则和治理能力现代化要求的政府管理体系，率先形成法治化、国际化、便利化的营商环境和公平、统一、高效的市场环境。强化自贸试验区改革同上海市改革的联动，各项改革试点任务具备条件的在浦东新区范围内全面实施，或在上海市推广试验。

## 二、加强改革系统集成，建设开放和创新融为一体的综合改革试验区

加强制度创新的系统性、整体性、协同性，围绕深化投资管理体制改革、优化贸易监管服务体系、完善创新促进机制，统筹各环节改革，增强各部门协同，注重改革举措的配套组合，有效破解束

缚创新的瓶颈，更大程度激发市场活力。

（三）建立更加开放透明的市场准入管理模式。实施市场准入负面清单和外商投资负面清单制度。在完善市场准入负面清单的基础上，对各类市场主体实行一致管理的，进一步优化、简化办事环节和流程，对业务牌照和资质申请统一审核标准和时限，促进公平竞争。进一步提高外商投资负面清单的透明度和市场准入的可预期性。实施公平竞争审查制度，清理和取消资质资格获取、招投标、权益保护等方面存在的差别化待遇，实现各类市场主体依法平等准入清单之外的行业、领域和业务。

（四）全面深化商事登记制度改革。保障企业登记自主权，尊重企业自主经营的权利。开展企业名称登记制度改革，除涉及前置审批事项或企业名称核准与企业登记不在同一机关外，企业名称不再预先核准。放宽住所（经营场所）登记条件，有效释放场地资源。优化营业执照的经营范围等登记方式。推行全程电子化登记和电子营业执照改革试点。探索建立普通注销登记制度和简易注销登记制度相互配套的市场主体退出制度。开展"一照多址"改革试点。

（五）全面实现"证照分离"。深化"先照后证"改革，进一步加大探索力度。把涉及市场准入的许可审批事项适时纳入改革试点，能取消的全部取消，需要保留审批的，按照告知承诺和加强市场准入管理等方式进一步优化调整，在改革许可管理方式、完善风险防范措施的基础上，进一步扩大实行告知承诺的领域。加强许可管理与企业设立登记管理的衔接，实现统一社会信用代码在各许可管理环节的"一码贯通"。实施生产许可"一企一证"，探索取消生产许可证产品检验。

（六）建成国际先进水平的国际贸易"单一窗口"。借鉴联合国国际贸易"单一窗口"标准，实施贸易数据协同、简化和标准化。纳入海港、空港和海关特殊监管区域的物流作业功能，通过银行机构或非银行支付机构建立收费账单功能，便利企业办理支付和查询。实现物流和监管等信息的交换共享，为进出口货物质量安全追溯信息的管理和查询提供便利。推动将国际贸易"单一窗口"覆盖领域拓展至服务贸易，逐步纳入技术贸易、服务外包、维修服务等，待条件成熟后逐步将服务贸易出口退（免）税申报纳入"单一窗口"管理。与国家层面"单一窗口"标准规范融合对接，推进长江经济带跨区域通关业务办理，加强数据衔接和协同监管。

（七）建立安全高效便捷的海关综合监管新模式。深化实施全国海关通关一体化、"双随机、一公开"监管以及"互联网+海关"等举措，进一步改革海关业务管理方式，对接国际贸易"单一窗口"，建立权责统一、集成集约、智慧智能、高效便利的海关综合监管新模式。综合应用大数据、云计算、互联网和物联网技术，扩大"自主报税、自助通关、自动审放、重点稽核"试点范围。深化"一线放开"、"二线安全高效管住"改革，强化综合执法，推进协同治理，探索设立与"区港一体"发展需求相适应的配套管理制度。创新加工贸易出口货物专利纠纷担保放行方式。支持海关特殊监管区域外的企业开展高附加值、高技术、无污染的维修业务。深入实施货物状态分类监管，研究将试点从物流仓储企业扩大到贸易、生产加工企业，具备条件时，在上海市其他符合条件的海关特殊监管区域推广实施。

（八）建立检验检疫风险分类监管综合评定机制。完善进口商品风险预警快速反应机制，加强进口货物不合格风险监测，实施消费品等商品召回制度。建立综合应用合格评定新机制，设立国家质量基础检验检疫综合应用示范园区。在制定发布不适用于第三方检验结果采信目录清单基础上，积极推进扩大商品和项目的第三方检验结果采信。探索扩大检验鉴定结果国际互认的范围。

（九）建立具有国际竞争力的创新产业监管模式。优化生物医药全球协同研发的试验用特殊物品的准入许可，完善准入许可的内容和方式。完善有利于提升集成电路全产业链国际竞争力的海关监管模式。研究制定再制造旧机电设备允许进口目录，在风险可控的前提下，试点数控机床、工程设备、通信设备等进口再制造。探索引入市场化保险机制，提高医药生产等领域的监管效率。

（十）优化创新要素的市场配置机制。完善药品上市许可持有人制度。允许自贸试验区内医疗器械注册申请人委托上海市医疗器械生产企业生产产品。健全完善更加符合社会主义市场经济规律、人才成长规律和人才发展流动规律的人才认定标准和推荐方式，标准统一、程序规范的外国人来华工作许可制度及高效、便捷的人才签证制度，吸引更多外籍高层次人才参与创新创业，为其提供出入境和停居留便利，并按规定享受我国鼓励创新创业的相关政策。根据法律法规规定，支持持有外国人永久居留证的外籍高层次人才创办科技型企业，给予与中国籍公民同等待遇。深化上海股权托管交易中心"科技创新板"试点，完善对科创企业的金融服务。支持外资企业设立联合创新平台，协同本土中小微企业开展创新成果产业化项目推进。深化推进金融中心与科技创新中心建设相结合的科技金融模式创新。

（十一）健全知识产权保护和运用体系。充分发挥专利、商标、版权等知识产权引领作用，打通知识产权创造、运用、保护、管理和服务的全链条，提升知识产权质量和效益。以若干优势产业为重点，进一步简化和优化知识产权审查和注册流程，创新知识产权快速维权工作机制。探索互联网、电子商务、大数据等领域的知识产权保护规则。建立健全知识产权服务标准，完善知识产权服务体系。完善知识产权纠纷多元解决机制。支持企业运用知识产权进行海外股权投资。创新发展知识产权金融服务。深化完善有利于激励创新的知识产权归属制度。

## 三、加强同国际通行规则相衔接，建立开放型经济体系的风险压力测试区

按照国际最高标准，为推动实施新一轮高水平对外开放进行更为充分的压力测试，探索开放型经济发展新领域，形成适应经济更加开放要求的系统试点经验。

（十二）进一步放宽投资准入。最大限度缩减自贸试验区外商投资负面清单，推进金融服务、电信、互联网、文化、文物、维修、航运服务等专业服务业和先进制造业领域对外开放。除特殊领域外，取消对外商投资企业经营期限的特别管理要求。对符合条件的外资创业投资企业和股权投资企业开展境内投资项目，探索实施管理新模式。完善国家安全审查、反垄断审查等投资审查制度。

（十三）实施贸易便利化新规则。优化口岸通关流程，推进各环节监管方式改革，探索公布涵盖各通关环节的货物平均放行时间。最大限度实现覆盖船舶抵离、港口作业、货物通关等口岸作业各环节的全程无纸化，推进贸易领域证书证明的电子化管理。深化亚太示范电子口岸网络试点。推动实施原产地预裁定制度。根据自由贸易协定规定，推动实施原产地自主声明制度。推进企业信用等级的跨部门共享，对高信用等级企业降低查验率。深化完善安全预警和国际竞争力提升的产业安全保障机制。

（十四）创新跨境服务贸易管理模式。在风险可控的前提下，加快推进金融保险、文化旅游、教育卫生等高端服务领域的贸易便利化。提高与服务贸易相关的货物暂时进口便利，拓展暂时进口货物单证制度适用范围，延长单证册的有效期。探索兼顾安全和效率的数字产品贸易监管模式。大力发展中医药服务贸易，扩大中医药服务贸易国际市场准入，推动中医药海外创新发展。深化国际船舶登记制度创新，进一步便利国际船舶管理企业从事海员外派服务。

在合适领域分层次逐步取消或放宽对跨境交付、自然人移动等模式的服务贸易限制措施。探索完善服务贸易统计体系，建立服务贸易监测制度。

（十五）进一步深化金融开放创新。加强与上海国际金融中心建设的联动，积极有序实施《进一步推进中国（上海）自由贸易试验区金融开放创新试点加快上海国际金融中心建设方案》。加快构建面向国际的金融市场体系，建设人民币全球服务体系，有序推进资本项目可兑换试点。加快建立金融监管协调机制，提升金融监管能力，防范金融风险。

（十六）设立自由贸易港区。在洋山保税港区和上海浦东机场综合保税区等海关特殊监管区域内，设立自由贸易港区。对标国际最高水平，实施更高标准的"一线放开"、"二线安全高效管住"贸易监管制度。根据国家授权实行集约管理体制，在口岸风险有效防控的前提下，依托信息化监管手段，取消或最大程度简化入区货物的贸易管制措施，最大程度简化一线申报手续。探索实施符合国际通行做法的金融、外汇、投资和出入境管理制度，建立和完善风险防控体系。

## 四、进一步转变政府职能，打造提升政府治理能力的先行区

加强自贸试验区建设与浦东新区转变一级地方政府职能的联动，系统推进简政放权、放管结合、优化服务改革，在行政机构改革、管理体制创新、运行机制优化、服务方式转变等方面改革创新，全面提升开放环境下政府治理能力。

（十七）健全以简政放权为重点的行政管理体制。加快推进简政放权，深化行政审批制度改革。以厘清政府、市场、社会关系为重点，进一步取消和简化审批事项，最大限度地给市场放权。推动

实现市场准入、执业资格等领域的管理方式转变。深化大部门制改革，在市场监管、经济发展、社会管理和公共服务、改革和法制、环保和城建五个职能模块，按照精简高效原则形成跨部门的协同机制。

（十八）深化创新事中事后监管体制机制。按照探索建立新的政府经济管理体制要求，深化分类综合执法改革，围绕审批、监管、执法适度分离，完善市场监管、城市管理领域的综合执法改革。推进交通运输综合行政执法改革，加强执法协调。将异常名录信息归集范围扩大到市场监管以外的行政部门，健全跨部门"双告知、双反馈、双跟踪"许可办理机制和"双随机、双评估、双公示"监管协同机制。落实市场主体首负责任制，在安全生产、产品质量、环境保护等领域建立市场主体社会责任报告制度和责任追溯制度。鼓励社会力量参与市场监督，建立健全会计、审计、法律、检验检测认证等第三方专业机构参与市场监管的制度安排。

（十九）优化信息互联共享的政府服务体系。加快构建以企业需求为导向、大数据分析为支撑的"互联网+政务服务"体系。建立央地协同、条块衔接的信息共享机制，明确部门间信息互联互通的边界规则。以数据共享为基础，再造业务流程，实现市场准入"单窗通办"、"全网通办"，个人事务"全区通办"，政务服务"全员协办"。探索建立公共信用信息和金融信用信息互补机制。探索形成市场主体信用等级标准体系，培育发展信用信息专业服务市场。

## 五、创新合作发展模式，成为服务国家"一带一路"建设、推动市场主体走出去的桥头堡

坚持"引进来"和"走出去"有机结合，创新经贸投资合作、产业核心技术研发、国际化融资模式，探索搭建"一带一

路"开放合作新平台,建设服务"一带一路"的市场要素资源配置功能枢纽,发挥自贸试验区在服务"一带一路"战略中的辐射带动作用。

(二十)以高标准便利化措施促进经贸合作。对接亚太示范电子口岸网络,积极推进上海国际贸易"单一窗口"与"一带一路"沿线口岸的信息互换和服务共享。率先探索互联互通监管合作新模式,在认证认可、标准计量等方面开展多双边合作交流。加快建设门户复合型国际航空枢纽。促进上海港口与21世纪海上丝绸之路航线港口的合作对接,形成连接国内外重点口岸的亚太供应链中心枢纽。建立综合性对外投资促进机构和境外投资公共信息服务平台,在法律查明和律师服务、商事纠纷调解和仲裁、财务会计和审计服务等方面开展业务合作。打造"一带一路"产权交易中心与技术转移平台,促进"一带一路"产业科技合作。积极推进能源、港口、通信、高端装备制造等领域的国际产能合作和建设能力合作。

(二十一)增强"一带一路"金融服务功能。推动上海国际金融中心与"一带一路"沿线国家和地区金融市场的深度合作、互联互通。加强与境外人民币离岸市场战略合作,稳妥推进境外机构和企业发行人民币债券和资产证券化产品,支持优质境外企业利用上海资本市场发展壮大,吸引沿线国家央行、主权财富基金和投资者投资境内人民币资产,为"一带一路"重大项目提供融资服务。大力发展海外投资保险、出口信用保险、货物运输保险、工程建设保险等业务,为企业海外投资、产品技术输出、承接"一带一路"重大工程提供综合保险服务。支持金砖国家新开发银行的发展。

(二十二)探索具有国际竞争力的离岸税制安排。适应企业参与国际竞争和服务"一带一路"建设的需求,在不导致税基侵蚀和利润转移的前提下,基于真实贸易和服务背景,结合服务贸易创新试点工作,研究探索服务贸易创新试点扩围的税收政策安排。

## 六、服务全国改革开放大局,形成更多可复制推广的制度创新成果

紧紧把握自贸试验区的基本定位,坚持先行先试,充分发挥各方面的改革创新主动性和创造性,为全面深化改革和扩大开放,取得更多制度创新成果。

(二十三)加快形成系统性的改革经验和模式。把理念创新、体制机制创新、政策创新和加强风险防控等方面的改革试点经验作为重点,加强试点经验的总结和系统集成。对于市场准入、贸易便利化、创新发展体制机制等领域的改革,加快形成可以在全国复制推广的经验。对于进一步扩大开放、对接高标准国际经贸规则等压力测试事项,积极探索经验,为国家推进构建多双边经贸合作新格局做好政策储备。对于政府管理模式创新等改革事项,在改革理念和组织推进等方面总结形成可供其他地区借鉴的改革经验。

## 七、抓好工作落实

在国务院自由贸易试验区工作部际联席会议统筹协调下,充分发挥地方和部门的积极性,抓好改革措施的落实。按照总体筹划、分步实施、率先突破、逐步完善的原则,各有关部门要大力支持,及时制定实施细则或办法,加强指导和服务;对涉及法律法规调整的改革事项,及时强化法制保障,做好与相关法律立改废释的衔接,共同推进相关体制机制创新,并注意加强监管、防控风险。上海市要把握基本定位,强化使命担当,创新思路、寻找规律、解决问题、积累经验,完善工作机制,系统推进改革试点任务的落实,继续当好全国改革开放排头兵、创新发展先行者。重大事项要及时向国务院请示报告。

附录 4

# 中国（上海）自由贸易试验区临港新片区总体方案[①]

设立中国（上海）自由贸易试验区临港新片区（以下简称新片区），是以习近平同志为核心的党中央总揽全局、科学决策作出的进一步扩大开放重大战略部署，是新时代彰显我国坚持全方位开放鲜明态度、主动引领经济全球化健康发展的重要举措。为深入贯彻习近平总书记在首届中国国际进口博览会期间的重要讲话精神，在更深层次、更宽领域、以更大力度推进全方位高水平开放，制定本方案。

## 一、总体要求

（一）指导思想。以习近平新时代中国特色社会主义思想为指导，全面贯彻党的十九大和十九届二中、三中全会精神，坚持新发展理念，坚持高质量发展，推动经济发展质量变革、效率变革、动力变革，对标国际上公认的竞争力最强的自由贸易园区，选择国家战略需要、国际市场需求大、对开放度要求高但其他地区尚不具备

---

[①] 根据国务院 2019 年 7 月 27 日发布的国发〔2019〕15 号文抄录。

实施条件的重点领域，实施具有较强国际市场竞争力的开放政策和制度，加大开放型经济的风险压力测试，实现新片区与境外投资经营便利、货物自由进出、资金流动便利、运输高度开放、人员自由执业、信息快捷联通，打造更具国际市场影响力和竞争力的特殊经济功能区，主动服务和融入国家重大战略，更好服务对外开放总体战略布局。

（二）发展目标。到2025年，建立比较成熟的投资贸易自由化便利化制度体系，打造一批更高开放度的功能型平台，集聚一批世界一流企业，区域创造力和竞争力显著增强，经济实力和经济总量大幅跃升。到2035年，建成具有较强国际市场影响力和竞争力的特殊经济功能区，形成更加成熟定型的制度成果，打造全球高端资源要素配置的核心功能，成为我国深度融入经济全球化的重要载体。

（三）规划范围。在上海大治河以南、金汇港以东以及小洋山岛、浦东国际机场南侧区域设置新片区。按照"整体规划、分步实施"原则，先行启动南汇新城、临港装备产业区、小洋山岛、浦东机场南侧等区域，面积为119.5平方公里。

新片区的开发利用须遵守土地、无居民海岛利用和生态环境、城乡规划等法律法规，并符合节约集约利用资源的有关要求；支持按照国家相关法规和程序，办理合理必需用海。

## 二、建立以投资贸易自由化为核心的制度体系

在适用自由贸易试验区各项开放创新措施的基础上，支持新片区以投资自由、贸易自由、资金自由、运输自由、人员从业自由等为重点，推进投资贸易自由化便利化。

（四）实施公平竞争的投资经营便利。借鉴国际上自由贸易园区的通行做法，实施外商投资安全审查制度，在电信、保险、证

券、科研和技术服务、教育、卫生等重点领域加大对外开放力度，放宽注册资本、投资方式等限制，促进各类市场主体公平竞争。探索试行商事主体登记确认制，尊重市场主体民事权利，对申请人提交的文件实行形式审查。深入实施"证照分离"改革。支持新片区加强国际商事纠纷审判组织建设。允许境外知名仲裁及争议解决机构经上海市人民政府司法行政部门登记并报国务院司法行政部门备案，在新片区内设立业务机构，就国际商事、海事、投资等领域发生的民商事争议开展仲裁业务，依法支持和保障中外当事人在仲裁前和仲裁中的财产保全、证据保全、行为保全等临时措施的申请和执行。

（五）实施高标准的贸易自由化。在新片区内设立物理围网区域，建立洋山特殊综合保税区，作为对标国际公认、竞争力最强自由贸易园区的重要载体，在全面实施综合保税区政策的基础上，取消不必要的贸易监管、许可和程序要求，实施更高水平的贸易自由化便利化政策和制度。对境外抵离物理围网区域的货物，探索实施以安全监管为主、体现更高水平贸易自由化便利化的监管模式，提高口岸监管服务效率，增强国际中转集拼枢纽功能。支持新片区发展具有国际竞争力的重点产业，根据企业的业务特点，积极探索相适应的海关监管制度。相关监管政策制度由海关总署牵头另行制定。推进服务贸易自由化，加快文化服务、技术产品、信息通讯、医疗健康等资本技术密集型服务贸易发展，创新跨境电商服务模式，鼓励跨境电商企业在新片区内建立国际配送平台。根据油气体制改革进程和产业需要，研究赋予新片区内符合条件的企业原油进口资质。

（六）实施资金便利收付的跨境金融管理制度。在风险可控的前提下，按照法律法规规定，借鉴国际通行的金融监管规则，进一步简化优质企业跨境人民币业务办理流程，推动跨境金融服务便利化。研究开展自由贸易账户本外币一体化功能试点，探索新片区内资本自由流入流出和自由兑换。支持新片区内企业参照国际通行规则依法合规开展跨境金融活动，支持金融机构在依法合规、风险可控、商业可持续的前提下为新片区内企业和非居民提供跨境发债、跨境投资并购和跨境资金集中运营等跨境金融服务。新片区内企业从境外募集的资金、符合条件的金融机构从境外募集的资金及其提供跨境服务取得的收入，可自主用于新片区内及境外的经营投资活动。支持符合条件的金融机构开展跨境证券投资、跨境保险资产管理等业务。按照国家统筹规划、服务实体、风险可控、分步推进的原则，稳步推进资本项目可兑换。先行先试金融业对外开放措施，积极落实放宽金融机构外资持股比例、拓宽外资金融机构业务经营范围等措施，支持符合条件的境外投资者依法设立各类金融机构，保障中外资金融机构依法平等经营。经国家金融管理部门授权，运用科技手段提升金融服务水平和监管能力，建立统一高效的金融管理体制机制，切实防范金融风险。

（七）实施高度开放的国际运输管理。提升拓展全球枢纽港功能，在沿海捎带、国际船舶登记、国际航权开放等方面加强探索，提高对国际航线、货物资源的集聚和配置能力。逐步放开船舶法定检验。在确保有效监管、风险可控前提下，对境内制造船舶在"中国洋山港"登记从事国际运输的，视同出口，给予出口退税。进一步完善启运港退税相关政策，优化监管流程，扩大中资方便旗船沿海捎带政策实施效果，研究在对等原则下允许外籍国际航行船舶开展以洋山港为国际中转港的外贸集装箱沿海捎带业务。推动浦东国际机场与"一带一路"沿线国家和地区扩大包括第五航权在内的航权安排，吸引相关国家和地区航空公司开辟经停航线。支持浦东国际机场探索航空中转集拼业务。以洋山深水港、浦东国际机场与芦潮港铁路集装箱中心站为载体，推动海运、空运、铁路运输信息共享，提高多式联运的运行效率。

（八）实施自由便利的人员管理。放宽现代服务业高端人才从业限制,在人员出入境、外籍人才永久居留等方面实施更加开放便利的政策措施。建立外国人在新片区内工作许可制度和人才签证制度。允许具有境外职业资格的金融、建筑、规划、设计等领域符合条件的专业人才经备案后,在新片区内提供服务,其在境外的从业经历可视同国内从业经历。除涉及国家主权、安全外,允许境外人士在新片区内申请参加我国相关职业资格考试。探索在法医毒物司法鉴定、环境损害司法鉴定等技术含量高的领域开展和加强技术合作。为到新片区内从事商务、交流、访问等经贸活动的外国人提供更加便利的签证和停居留政策措施。制定和完善海外人才引进政策和管理办法,给予科研创新领军人才及团队等海外高层次人才办理工作许可、永久或长期居留手续"绿色通道"。探索实施外籍人员配额管理制度,为新片区内注册企业急需的外国人才提供更加便利的服务。

(九)实施国际互联网数据跨境安全有序流动。建设完备的国际通信设施,加快5G、IPv6、云计算、物联网、车联网等新一代信息基础设施建设,提升新片区内宽带接入能力、网络服务质量和应用水平,构建安全便利的国际互联网数据专用通道。支持新片区聚焦集成电路、人工智能、生物医药、总部经济等关键领域,试点开展数据跨境流动的安全评估,建立数据保护能力认证、数据流通备份审查、跨境数据流通和交易风险评估等数据安全管理机制。开展国际合作规则试点,加大对专利、版权、企业商业秘密等权利及数据的保护力度,主动参与引领全球数字经济交流合作。

(十)实施具有国际竞争力的税收制度和政策。对境外进入物理围网区域内的货物、物理围网区域内企业之间的货物交易和服务实行特殊的税收政策。扩大新片区服务出口增值税政策适用范围,研究适应境外投资和离岸业务发展的新片区税收政策。对新片区内符合条件的从事集成电路、人工智能、生物医药、民用航空等关键领域核心环节生产研发的企业,自设立之日起5年内减按15%的税率征收企业所得税。研究实施境外人才个人所得税税负差额补贴政策。在不导致税基侵蚀和利润转移的前提下，探索试点自由贸易账户的税收政策安排。

### 三、建立全面风险管理制度

以风险防控为底线，以分类监管、协同监管、智能监管为基础，全面提升风险防范水平和安全监管水平。

（十一）强化重点领域监管。建立涵盖新片区管理机构、行业主管部门、区内企业和相关运营主体的一体化信息管理服务平台。聚焦投资、贸易、金融、网络、生态环境、文化安全、人员进出、反恐反分裂、公共道德等重点领域，进一步完善外商投资安全审查、反垄断审查、行业管理、用户认证、行为审计等管理措施，在风险研判和防控中加强信息技术应用，建立联防联控机制，实施严格监管、精准监管、有效监管。建立检疫、原产地、知识产权、国际公约、跨境资金等特殊领域的风险精准监测机制，实现全流程的风险实时监测和动态预警管理。

（十二）加强信用分级管理。完善信用评价基本规则和标准，实施经营者适当性管理，按照"守法便利"原则，把信用等级作为企业享受优惠政策和制度便利的重要依据。建立主动披露制度，实施失信名单披露、市场禁入和退出制度。完善商事登记撤销制度，对以欺骗、贿赂等不正当手段取得登记的，登记机关可以依法撤销登记。

（十三）强化边界安全。高标准建设智能化监管基础设施，实现监管信息互联互认共享。守住"一线"国门安全、"二线"经济社会安全。加强进境安全管理，对新片区进境货物实行"两段准入"监管模式。对禁限管制（核生化导爆、毒品等）、重大疫情、高风险商品安全等重大紧急或放行后难以管控的风险，以及法律、行政法规有明确要求的,依法实施"准许入境"监管。对非高风险商品检验、风险可控的检疫等其他风险可依法实施"合格入市"监管。

## 四、建设具有国际市场竞争力的开放型产业体系

发挥开放型制度体系优势,推动统筹国际业务、跨境金融服务、前沿科技研发、跨境服务贸易等功能集聚,强化开放型经济集聚功能。加快存量企业转型升级,整体提升区域产业能级。

(十四)建立以关键核心技术为突破口的前沿产业集群。建设集成电路综合性产业基地,优化进口料件全程保税监管模式,支持跨国公司设立离岸研发和制造中心,推动核心芯片、特色工艺、关键装备和基础材料等重点领域发展。建设人工智能创新及应用示范区,加快应用场景开放力度,推动智能汽车、智能制造、智能机器人等新产业新业态发展。建设民用航空产业集聚区,以大型客机和民用航空发动机为核心,加速集聚基础研究、技术开发、产品研制、试验验证等配套产业,推动总装交付、生产配套、运营维护、文旅服务等航空全产业链发展。建设面向"一带一路"沿线国家和地区的维修和绿色再制造中心,建立绿色认证和评级体系,支持在综合保税区开展数控机床、工程设备等产品入境维修和再制造,提升高端智能再制造产业国际竞争力。

(十五)发展新型国际贸易。建设亚太供应链管理中心,完善新型国际贸易与国际市场投融资服务的系统性制度支撑体系,吸引总部型机构集聚。发展跨境数字贸易,支持建立跨境电商海外仓。建设国际医疗服务集聚区,支持与境外机构合作开发跨境医疗保险产品、开展国际医疗保险结算试点。允许符合条件的外商独资企业开展面向全球的文化艺术品展示、拍卖、交易。

(十六)建设高能级全球航运枢纽。支持浦东国际机场建设世

界级航空枢纽，建设具有物流、分拣和监管集成功能的航空货站，打造区域性航空总部基地和航空快件国际枢纽中心。推进全面实施国际旅客及其行李通程联运。建设国际航运补给服务体系，提升船舶和航空用品供应、维修、备件、燃料油等综合服务能力。支持内外资企业和机构开展航运融资、航运保险、航运结算、航材租赁、船舶交易和航运仲裁等服务，探索发展航运指数衍生品业务，提升高端航运服务功能。

（十七）拓展跨境金融服务功能。大力提升人民币跨境金融服务能力，拓展人民币跨境金融服务深度和广度。支持开展人民币跨境贸易融资和再融资业务。鼓励跨国公司设立全球或区域资金管理中心。加快发展飞机、船舶等融资租赁业务，鼓励发展环境污染责任保险等绿色金融业务。

（十八）促进产城融合发展。进一步拓宽国际优质资本和经验进入教育、医疗、文化、体育、园区建设、城市管理等公共服务领域的渠道，加强新片区各类基础设施建设管理，提升高品质国际化的城市服务功能。

（十九）加强与长三角协同创新发展。支持境内外投资者在新片区设立联合创新专项资金，就重大科研项目开展合作，允许相关资金在长三角地区自由使用。支持境内投资者在境外发起的私募基金参与新片区创新型科技企业融资，凡符合条件的可在长三角地区投资。支持新片区优势产业向长三角地区拓展形成产业集群。

## 五、加快推进实施

新片区参照经济特区管理。国家有关部门和上海市要按照总体方案的要求，加强法治建设和风险防控，切实维护国家安全和社会安全，扎实推进各项改革试点任务落地见效。

（二十）加强党的领导。增强"四个意识"，坚定"四个自信"，做到"两个维护"，培育践行社会主义核心价值观，把党的建设始终贯穿于新片区规划建设的全过程，把党的政治优势、组织优势转化为新片区全面深化改革和扩大开放的坚强保障。

（二十一）加大赋权力度。赋予新片区更大的自主发展、自主改革和自主创新管理权限，在风险可控的前提下授权新片区管理机构自主开展贴近市场的创新业务。新片区的各项改革开放举措，凡涉及调整现行法律或行政法规的，按法定程序经全国人大或国务院统一授权后实施。

（二十二）带动长三角新一轮改革开放。定期总结评估新片区在投资管理、贸易监管、金融开放、人才流动、运输管理、风险管控等方面的制度经验，制定推广清单，明确推广范围和监管要求，按程序报批后有序推广实施。加强新片区与海关特殊监管区域、经济技术开发区联动，放大辐射带动效应。

（二十三）抓紧组织实施。国家有关部门进一步向上海市和中央在沪单位放权，按照总体方案，支持、指导制定相关实施细则。

上海市要切实履行主体责任，高标准高质量建设新片区，加快形成成熟定型的制度体系和管理体制，更好地激发市场主体参与国际市场的活力。重大事项及时向党中央、国务院请示报告。

# 参考文献

[1] 白洁,苏庆义.CPTPP的规则、影响及中国对策:基于和TPP对比的分析[J].国际经济评论,2019(1):58-76.

[2] 蔡昉,王德文,曲玥.中国产业升级的大国雁阵模型分析[J].经济研究,2009(9):4-14.

[3] 陈文玲.当前国内外经济形势与双循环新格局的构建[J].河海大学学报(哲学社会科学版),2020(4):1-8.

[4] 迟福林.海南自由贸易港的重大使命[N].中国经济时报,2019-10-16(5).

[5] 崔卫杰.以制度型开放推动全方位对外开放[N].中国经济时报,2019-02-27.

[6] 邓富华,张永山,姜玉梅,霍伟东.自由贸易试验区的多维审视与深化路径[J].国际贸易,2019(7):51-59.

[7] 丁珊,徐元国.自贸区和长三角一体化协同发展初探[J].全国流通经济,2020(20):100-102.

[8] 樊星.上海自贸试验区制度创新深化研究[J].科学发展,2015(6):53-60.

[9] 冯凯,李荣林.负面清单视角下上海自贸区服务业开放度研究[J].上海经济研究,2019(6):121-128.

[10] 冯帆,许亚云,韩剑.自由贸易试验区对长三角经济增长外溢影响的实证研究[J].世界经济与政治论坛,2019(5):118-138.

［11］符正平. 探索自贸区差异化发展路径［J］. 人民论坛, 2020（27）: 23-25.

［12］符正平. 论中国特色自由贸易港的建设模式［J］. 区域经济评论, 2018（2）: 1-4.

［13］干春晖, 王强. 上海自贸试验区对接服务"一带一路"建设研究［J］. 科学发展, 2018（12）: 31-41.

［14］葛天任. 如何渡过中美贸易摩擦的不确定水域？［J］. 国际经济评论, 2019（1）: 109-111.

［15］国务院发展研究中心课题组. 中国（上海）自由贸易试验区运行三周年改革成效与经验［R］. 国研报告, 2017（1）

［16］海南省委自贸区第五考察团. 以制度创新为核心推动上海自贸试验区建设——关于中国（上海）自由贸易试验区的考察报告［J］. 今日海南, 2018（5）: 21-24.

［17］韩剑, 闫芸, 王灿. 中国与"一带一路"国家自贸区网络体系构建和规则机制研究［J］. 国际贸易, 2017（7）: 16-23.

［18］韩剑. 新发展格局下上海自贸区的定位与担当［J］. 人民论坛, 2020年9月下, 26-29.

［19］韩钰, 苏庆义, 白洁. 上海自贸区金融改革与开放的规则研究——阶段性评估与政策建议［J］. 国际金融研究, 2020（8）: 46-55.

［20］何立胜. 制度型开放: 全面对外开放的新阶段［N］. 学习时报, 2019-01-16（2）.

［21］贺小勇, 许凯. 上海自贸试验区立法实践与思考［J］. 地方立法研究, 2019（2）: 25-35.

［22］贺小勇. 率先建立与国际运行规则相衔接的上海自贸试验区制度体系［J］. 科学发展, 2020（3）: 44-52.

［23］黄丙志. 上海自贸试验区新片区服务贸易开放与监管国际借鉴［J］. 科学发展, 2020（6）: 40-49.

［24］黄茂兴. 中国（福建）自由贸易试验区发展报告（2018-2019）［M］. 北京: 中国社会科学院社会科学文献出版社, 2019.

［25］金鹏辉. 上海自贸试验区金融改革的回顾与展望［J］. 清华金融评论,

2018（12）：43-44.

[26] 李成. 中美贸易争端：短期关切与长期考虑［J］. 银行家，2019（2）：60-62.

[27] 李锋. "一带一路"沿线国家的投资风险与应对策略［J］. 中国流通经济，2016（2）：115-121.

[28] 李锋，陆丽萍. 上海自贸试验区五年来突出进展与新一轮改革开放思路及突破口［J］. 科学发展，2019（2）：31-42.

[29] 李光辉，高丹. 自贸试验区：新时代中国改革开放的新高地［J］. 东北亚经济研究，2019（2）：62-68.

[30] 李善民. 中国自贸区的发展历程及改革成就［J］. 人民论坛，2020（27）：12-15.

[31] 李善民. 中国自由贸易试验区发展蓝皮书（2017—2018）［M］. 广东：中山大学出版社，2018.

[32] 隆国强. 中国对外开放战略回顾与展望［J］. 中国经济报告，2018（12）：14-16.

[33] 卢华. 上海自贸试验区金融创新措施的复制与推广［J］. 科学发展，2017（12）：82-90.

[34] 马海倩，杨波，汪曾涛. 上海自贸试验区未来发展方向与制度目标模式［J］. 科学发展，2017（5）：70-77.

[35] 马永伟，黄茂兴. 中国对外开放战略演进与新时代实践创新［J］. 亚太经济，2018（4）：74-83.

[36] 裴长洪，刘斌，李越. 中国特色自由贸易港发展模式探索［J］. 国际商务，2019（1）：1-10.

[37] 裴长洪，陈丽芬. 上海自贸区改革评估［J］. 中国经济报告，2015（11）：33-36.

[38] 裴长洪. 中国自贸试验区金融改革进展与前瞻［J］. 金融论坛，2015（8）：3-8.

[39] 乔依德. 放大上海自贸试验区金融创新的"苗圃效应"［J］. 科学发展，2015（3）：85-88.

[40] 任春杨，张佳睿，毛艳华. 推动自贸试验区升级为自由贸易港的对策研

究［J］. 经济纵横, 2019（3）：114-121.
［41］任春杨, 毛艳华. 新时期中国自贸试验区金融改革创新的对策研究［J］. 现代经济探讨, 2019（10）：10-18.
［42］上海海关学院—海关总署研究室课题组. 上海自贸试验区对接服务长江经济带国家战略相关问题研究［J］. 科学发展, 2019（2）：32-42.
［43］上海市工商局课题组. 浅析中国（上海）自贸试验区综合监管制度创新［J］. 中国工商管理研究, 2014（11）：54-57.
［44］上海市人民政府发展研究中心课题组. 中国（上海）自由贸易试验区建设三年成效、经验与建议［J］. 科学发展, 2016（10）：42-52.
［45］上海市人民政府发展研究中心课题组. 上海自贸试验区与科技创新中心两大战略联动研究［J］. 科学发展, 2018（5）：5-13.
［46］商务部, 交通运输部, 工商总局, 质检总局和外汇局. 关于做好自由贸易试验区第三批改革试点经验复制推广工作的函［EB/OL］. （2017-07-26）［2019-04-30］. http://www.china-fjftz.gov.cn/article/index/aid/6813.html.
［47］沈玉良, 彭羽. 上海自由贸易试验区建设自由贸易港区路径分析［J］. 上海经济, 2017（4）：5-11.
［48］沈玉良. 上海自贸试验区运行三周年评估研究［J］. 科学发展, 2017（2）：50-62.
［49］盛斌. 中国自由贸易试验区的评估与展望［J］. 国际贸易, 2017（6）：7-13.
［50］施珒娅. 上海自贸区金改再回顾［J］. 金融博览, 2018（11）：10-13.
［51］史彦泽. 积极推进我国对外开放转向制度型开放［J］. 奋斗, 2019（1）：13-15.
［52］宋鹏霖, 李飞, 夏小娟. 对标新加坡提升自贸试验区贸易便利化的路径与思考——以上海自贸试验区为例［J］. 上海对外经贸大学学报, 2018（1）：59-66.
［53］孙元欣, 应珊珊. 上海自贸试验区保税片区的产业集群基础和发展前瞻［J］. 科学发展, 2019（3）：46-56.
［54］孙元欣. 中美BIT谈判与自由贸易试验区金融创新［J］. 科学发展,

2017（4）：62-68.

[55] 孙元欣，牛志勇. 上海自贸试验区负面清单转化为全国负面清单的路径和措施［J］. 科学发展，2014（6）：51-54.

[56] 唐坚. 高标准高质量建设自贸试验区［N］. 经济日报，2019-12-18（12）.

[57] 佟家栋，刘程. 新发展格局下中国自贸区、自贸港的新机遇［J］. 国家治理，2021（1）：62-64.

[58] 佟家栋. 中国自由贸易试验区的大胆创新与微创新［J］. 中国外资，2019（23）：36-38.

[59] 王力. 自贸试验区发展应与国家重大区域战略实现对接［J］. 银行家，2019年（11）：34-38.

[60] 王新奎. 中国（上海）自贸试验区改革的重点：对外商投资准入实施"负面清单"管理［J］. 上海对外经贸大学学报，2014（1）：5-11.

[61] 王振. 长三角地区共建世界级产业集群的推进路径研究［J］. 安徽大学学报（哲学社会科学版），2020（3）：33-40.

[62] 王志彦. 上海自贸改革3.0版方案明确的98项重点任务中的96项全部完成［N］. 解放日报，2019-03-04（9）.

[63] 王孜弘. 如何渡过中美贸易摩擦的不确定水域［J］. 国际经济评论，2019（1）：107-109.

[64] 文学国. 中国（上海）自由贸易试验区目标与模式. 科学发展，2018（5）：73-81.

[65] 温韧. 上海自贸试验区新片区服务贸易海关监管模式设计和政策研究［J］. 科学发展，2020（8）：40-49.

[66] 夏骥. 上海自贸试验区临港新片区引领长三角更高质量一体化发展［J］. 科学发展，2020（3）：61-69.

[67] 肖林，张湧. 中国（上海）自由贸易试验区制度创新：回顾与前瞻［M］. 上海：格致出版社，2017.

[68] 肖林. 国家试验——中国（上海）自由贸易试验区制度设计［M］. 上海：格致出版社，2015.

[69] 邢厚媛，白明，袁波. 从上海自贸试验区视角看TPP及其影响［J］. 科

学发展，2016（1）：90-93.

[70] 谢谦，刘洪愧."一带一路"与自贸试验区融合发展的理论辨析和实践探索[J]. 学习与探索，2019（1）：84-91.

[71] 徐珺，张云伟，崔园园，朱达明. 上海科技创新中心建设与"一带一路"倡议协同基础条件与框架重点[J]. 科学发展，2018（5）：14-22.

[72] 徐康宁. 扩大对外开放的新机遇、新理念与新方向——重要战略机遇期的文明互鉴与制度型开放[J]. 江海学刊，2019（1）：84-91.

[73] 尹晨. 上海自贸试验区需破冰前行[N]. 东方早报，2014-01-22（30）.

[74] 尹晨. 全国自贸区建设应取雁阵模式[N]. 东方早报，2014-05-15（27）.

[75] 尹晨. 自贸区申报不能够一味坐等[N]. 东方早报，2014-08-04（20）.

[76] 尹晨. 完善扩区后的自贸试验区组织协调机制[N]. 解放日报，2015-03-19（12）.

[77] 尹晨. 用持续的制度创新助力上海自贸区[N]. 文汇报，2015-03-19（8）.

[78] 尹晨. 上海自贸试验区建设对接国家"一带一路"战略[N]. 中国社会科学报，2015-10-13（5）.

[79] 尹晨. 自贸试验区的新动力与新结构[N]. 解放日报，2015-11-24（11）.

[80] 尹晨. 让制度体系"枝繁叶茂"[N]. 文汇报，2016-09-10（8）.

[81] 尹晨，王卓群，马继愈. 中美新型大国关系视野下的上海自贸试验区发展战略探析[J]. 复旦学报（社会科学版），2016（5）：158-169.

[82] 尹晨. 将制度创新的"珍珠"串成"项链"[N]. 文汇报，2017-04-17（8）.

[83] 尹晨，周薪吉，王祎馨. "一带一路"海外投资风险及其管理——兼论在上海自贸区设立国家级风险管理中心[J]. 复旦学报（社会科学版），2018（2）：139-147.

[84] 尹晨. 自贸试验区的大小有何讲究[N]. 解放日报，2018-05-22

（14）.

[85] 尹晨."增设新片区"不只是扩大面积（N）.解放日报，2019-02-12（9）.

[86] 尹晨.上海自由贸易港与"一带一路"建设联动发展研究［J］.科学发展，2019（8）：47-58.

[87] 尹晨，周思力，王祎馨.论制度型开放视野下的上海自贸区制度创新［J］.复旦学报（社会科学版），2019（5）：175-180.

[88] 尹晨.两个维度理解"建设更高水平开放型经济新体制"［N］.光明日报，2019-11-14（2）.

[89] 尹晨，李雪."一带一路"创新治理机制探析——基于全球政治社会学的视角［J］.复旦学报（社会科学版），2020（5）：160-167.

[90] 尹晨.自贸试验区如何对接新发展格局［N］.解放日报，2020-09-29（15）.

[91] 尹晨.双循环新发展格局下的自贸试验区发展［J］.新金融，2020（11）：11-14.

[92] 袁志刚.中国（上海）自由贸易试验区新战略研究［M］.上海：格致出版社，2013.

[93] 曾凡.重大国际贸易投资规则变化与上海自贸试验区建设联动机制研究［J］.科学发展，2015（3）：76-84.

[94] 张磊.上海自贸试验区临港新片区新型国际贸易发展与上海国际贸易中心建设［J］.科学发展，2020（12）：44-53.

[95] 张磊.对标国际最高标准深化上海自贸试验区改革［J］.科学发展，2018（7）：67-75.

[96] 张威，崔卫杰，叶欣.中国自贸试验区发展成就与政策建议［J］.国际经济合作，2018（1）：8-11.

[97] 张兴祥，王艺明."双循环"格局下的自贸试验区［J］.人民论坛，2020（27）：34-37.

[98] 张寅.中国自贸试验区"领头雁"的"加速度"—中国（上海）自由贸易试验区建设［N］.云南日报，2019-10-20（1）.

[99] 张宇燕.中国对外开放的理念、进程与逻辑［J］.中国社会科学，2018

(11): 30-41.

[100] 赵晓雷. 建设自由贸易港区将进一步提升上海自贸试验区全方位开放水平 [J]. 经济学家, 2017 (12): 11-12.

[101] 赵晓雷. 上海自贸试验区建设开放度最高的自由贸易园区难点评估及战略思路 [J]. 科学发展, 2017 (3): 63-67.

[102] 郑杨. 自贸区金融开放实践——上海自贸试验区成立三周年 [J]. 中国金融, 2017 (2): 87-89.

[103] 中国浦东干部学院"一带一路"与长江经济带研究中心课题组. 上海自贸试验区服务"一带一路"国家战略的路径研究 [J]. 科学发展, 2017 (7): 82-91.

[104] 周奇, 张湧. 中国(上海)自贸试验区制度创新与案例研究 [M]. 上海: 上海社会科学院出版社, 2016: 38-39.

# 后　记

　　笔者最早进入自贸试验区的研究实际上是"误打误撞"。2013年9月29日，中国（上海）自由贸易试验区挂牌运行。10月8日，复旦大学决定成立上海自贸区综合研究院，以经济学院作为院长单位，以经济学院、法学院、国际关系与公共事务学院、金融研究中心为依托，汇聚学校的优势学科和专家学者，整合国内外资源，提供决策咨询、学术研究、宣传启民、人才培养等全方位服务，为中国的对外开放及自贸试验区发展贡献"复旦智慧"。

　　2013年10月8日下午，时任经济学院院长的袁志刚教授和时任经济学院党委书记的石磊教授在经济学院大楼的808会议室召集开了一个短会，会上宣读了学校的决定，同时宣布成立复旦大学上海自贸区综合研究院秘书处，由笔者担任秘书长，法学院的梁咏、国际关系与公共事务学院的吴澄秋担任副秘书长，经济学院的卢华担任院长助理。此后，秘书处在时任复旦大学副校长的林尚立教授以及复旦大学上海自贸区综合研究院院班子的领导下，开展了一系列的工作。

　　在承担复旦自贸院秘书处工作的同时，笔者也开始了相关的决策咨询研究。随着中标自贸试验区研究领域的全国首个社科基金项目，2014年国家社科基金面上项目"中国（上海）自由贸易试验区先行先试与经验复制推广研究"（编号14BJL059），自贸试验区相关研究日益成为笔者最重要的研究领域。截至2020年末，在自贸试验区研究领域，作为负责人，笔者先后承担国家社科面上项目、国家社科重大项目子项目等国家级纵向课题2项，上海市哲社项目、上海市决策咨询重点项目、上海市决咨委项目等省部级纵向课题14项（其中2015年至2019年连续五年中标上海市人民政府决策咨询重点课题）；作为课题负责人，笔者还先后承担了江苏、河北、云南、辽宁、四川、浙江、福建、海南等自贸试验区相关横向课题10余项。

随着研究的开展，一直有撰写一部自贸试验区研究专著的念头，专著大纲也拟了好几稿。2018年，复旦大学经济学系系主任张晖明教授组织"纪念改革开放40周年"丛书，笔者也积极申报，但最终未能及时交稿，至今仍然对张老师心存愧疚。

现在反思，要完成自贸试验区研究专著，真是需要一鼓作气。时间一拖长，难度陡增。自贸试验区发展日新月异，扩容、扩区、升级等一直不断，时间一拖长，写好的书稿内容很可能就滞后于实践的发展，从而影响研究价值；自贸试验区建设涉及的领域众多、内容庞杂、热点转换频繁，一部专著不可能面面俱到，需要一鼓作气、凝练主题、做深做透。而2018年以后，由于笔者担任了新的公共服务工作，研究时间被进一步压缩，并被切割成碎片化时间，缺乏的就是一鼓作气的决心和比较完整的时间。

2020年的新冠肺炎疫情，是百年来全球发生的最严重的传染病大流行。新冠肺炎疫情的防控，改变了人们的不少生活方式和工作方式。"非必要不离校"和"非必要不离沪"的防疫要求，客观上给笔者带来了非常难得的2020年暑假和2021年寒假这两个相对完整的假期。同时，笔者的研究思路也逐渐聚焦到自贸试验区制度创新的可持续性和动力机制方面。

于是，这本专著的书稿终于得以一鼓作气完成。

感谢2013年时任复旦大学副校长的林尚立教授，时任复旦大学上海自贸区综合研究院院长的袁志刚教授,时任复旦大学经济学院党委书记的石磊教授对笔者的信任和支持,引导笔者走上自贸试验区研究之路。感谢现任复旦大学副校长陈志敏教授,复旦大学经济学院院长兼上海自贸区综合研究院院长张军教授的指导和支持。感谢复旦大学上海自贸区综合研究院秘书处的卢华、李志青、梁咏、吴澄秋、张平等老师的支持与合作。感谢复旦大学龚柏华教授、黄仁伟教授、丁纯教授、樊勇明教授、沈国兵教授、程大中教授、罗长远教授、宋国友教授、唐亚林教授、朱春奎教授、郑继永教授、朱春阳教授、陈力教授、孙立坚教授、吕晓刚编审等的指教。

2014年以来,中国高校的自贸区研究机构成立了中国高校自贸区研究联盟。联盟为跨区调研、科研合作、人员互访、信息共享、成果交流搭建了平台,提供了便利。特别感谢中山大学李善民副校长、符正平教授、毛艳华教授、黄新飞教授、史欣向副院长,浙江大学黄先海副校长、陆菁教授,东南大学徐康宁教授,南京大学沈坤荣教授、韩剑教授,福建师范大学黄茂兴教授、俞姗副教授,西南财经大学姜玉梅教授、邓富华副教授,东北财经大学靳继东教授、艾德洲副研究员,天津财经大学刘恩专教授,厦门大学洪永淼教授、方颖教授、朱孟楠教授、郭晔教授、王艺明教授、龙小宁教授,南开大学佟家栋教授,华中师范大学张建华教授、陈波教授,西北大学马莉莉教授,浙江海洋大学全永波教授、易传剑教授,重庆大学姚树洁教授,对外经济贸易大学崔凡教授,河南大学耿明斋教授,苏州大学王俊教授等,对笔者的指教。在自贸试验区研究中,笔者还得到了上海市社联主席王战教授、时任上海市社联党组书记权衡研究员、上海市WTO事务咨询中心总裁王新奎教授、上海市经济学会会长周振华教授、时任上海市发改委副主任朱民、上海市发改委赵宇刚处长、丝路研究院院长张湧研究员、上海自贸区管委会政策研究局常务副局长郑海鳌博士、上海市政府发展研究中心李锋处长、上海社科院沈玉良研究员、上海社科院彭羽副研究员、新华社上海分社何欣荣、澎湃新闻韩声江等专家的指教。在此也一并表示衷心感谢！

感谢复旦大学出版社徐惠平副总编的宽容和支持，感谢岑品杰编辑的细致帮助。

最后，也最重要的是感谢家人！感谢父亲尹剑夫、母亲房鹤楼、岳父凌云、岳母姚冠男的大力支持！感谢妻子凌峰在繁忙工作之余对家务的承担，对家庭的照顾！感谢女儿尹佑祺对笔者周末和节假日都去办公室工作而未能陪伴的理解和宽容！

尹　晨

**图书在版编目(CIP)数据**

上海自贸试验区持续创新研究/尹晨著.—上海:复旦大学出版社,2022.1
ISBN 978-7-309-14332-4

Ⅰ.①上… Ⅱ.①尹… Ⅲ.①自由贸易区—经济发展—研究—上海 Ⅳ.①F752.851

中国版本图书馆 CIP 数据核字(2021)第 261699 号

上海自贸试验区持续创新研究
SHANGHAI ZIMAO SHIYANQU CHIXU CHUANGXIN YANJIU
尹 晨 著
责任编辑/谢同君

复旦大学出版社有限公司出版发行
上海市国权路 579 号  邮编:200433
网址:fupnet@fudanpress.com  http://www.fudanpress.com
门市零售:86-21-65102580  团体订购:86-21-65104505
出版部电话:86-21-65642845
上海盛通时代印刷有限公司

开本 890×1240  1/32  印张 6.375  字数 166 千
2022 年 1 月第 1 版第 1 次印刷

ISBN 978-7-309-14332-4/F·2858
定价:36.00 元

如有印装质量问题,请向复旦大学出版社有限公司出版部调换。
版权所有  侵权必究